藍學堂

學習・奇趣・輕鬆讀

人才，自造者

學習，不設限！

謝宇程——著

目錄

第二篇：走向人才，千萬別錯過的路 080

第三篇：人生如地圖，必須不斷更新 140

推薦序

當一隻翻動台灣土壤的蚯蚓

邱彥錡 Camp Mobile台灣區總經理

先講結論：創新是無法教授與模仿的。本書從校園學習出發，結合職場趨勢，分享許多學習的故事及方法。值得用心一讀、再讀！

近年矽谷新創對世界產生的影響，被大家熱烈討論並仿效著，矽谷人才之所以強大，在於農場土壤肥沃。國際一流企業、新創加速器、Stanford University（史丹佛大學）是主要農場，而人才就像是蚯蚓，在搭配對應的經濟機制與社會福利政策下，不斷翻身蠕動，在這樣條件的土壤下，必能產出好作物（公司、新創、服務、更多好人才）。

的確，政府制度、企業文化、及創新趨勢成型的來源都在於人，而學校正是孵化這些思維的關鍵場域。然而，隨著世界新科技的潮流，愈來愈多就業工作需要的技能，已無法在大學教育中獲得，我們又該如何培養自己，接軌創新、創業潮流所帶來的衝擊呢？這是所有社會新鮮人、正在就學的青年、更是現代家長所關注的議題。

本書集結作者宇程訪談多位青年夥伴後，集結而成的學習精華，分享他們各自在就學期間所經歷的課業學習經驗、社團活動分享，搭配時間管理、校外學習資源取得技巧，來達到增強自己實力，取得最佳就業機會。此書訪談的人不一定是我們所謂的「標準」或「標竿」，我認為學習本來就沒有所謂最佳模式，增加見識並拓展自己的可能性，是青年時期最重要的任務。

學習是個人的事，即早開拓眼界跨出舒適圈，就比別人愈有機會提早擁有更多資源。感謝書中受訪者的無私分享，創新無法教授，但接受多元刺激與拓展學習的疆界，就有機會將新點子成真。閱讀完此書刺激了我，更應該加快腳步不斷學習，致力自己成為翻動台灣土壤那活躍的蚯蚓。

競爭力從正視教育代溝開始

翟本喬　和沛科技創辦人兼執行長

在台灣我們常常可以看到許多文章，檢討我們的企業為什麼沒有競爭力，然後提出一些提升競爭力的方案。殊不知，我們國民的競爭力早在中小學階段就已經被磨滅了。在政府部會召開的提升競爭力座談會上，我常常在最後的結論中強調：真正的解決方法是要從小學教育做起的。在座的經濟部和國發會官員只能面面相覷，不知從何下手。

在這本書中，作者先從台灣的教育方式下手分析，點明教育理念的根本問題所在，那就是替學生做了太多的安排，而對體制外的成就不予重視。在一個工業剛開始自動化、又是威權統治的年代，產業對人力的需求是相當明確的：大量整齊劃一的作業員；於是我們的教育體系就演化成了符合這個規格的產品。但在一個力爭上游、不願屈居人下的國家，他們會了解少量的高級人才，對國家能做出的貢獻遠大於大量的平庸人力，所以他們會從小鼓勵自由化的發展，生怕壓抑了人才的潛力。

接下來，作者用了他訪談過業界人士的許多例子，說明優秀的人才，是如何在現有的體制之下，成功走出自己的一片天。這些人或許是努力自學課本以外的知識，或許是積極參與能有學習成長的社團活動，或許是認真研究產業的資訊與生態，或許是在校時已經在外面撞得頭破血流。不管他們經歷了什麼樣的努力過程，作者歸納出最重要的一件事：每一位都花了相當多的心力，去找尋自己的路，而不是聽從別人的規劃。

規劃自己未來的工作，該如何進行呢？作者告訴讀者要如何往前看、往旁邊看、往全世界看、以及往不同的領域看。只鑽研在自己的領域，除非是學術工作，不然是行不通的。學歷不再重要，能力才是重點；這包括技術能力和商業素養，都是學校學不到、教不出來的。學用脫節不是問題，而是天經地義的常態，老一輩的企業家對此百思不得其解，認為政府和學校沒把教育辦好，事實上，那是他們對舊式教育的認知，現在已經過時了。不務正業，才是正業。

最後，作者也對於知道自己該改變、但不知從何下手的讀者，提出了一些實際行動的建議。希望大家在看完之後，心中能有再出發的準備，航向自己全新的未來。

到得前頭山腳盡，堂堂溪水出前村

劉奕成　中國信託商業銀行信用金融執行長

颱風東來。我信步走到陽台，探看正遭風雨霸凌的群樹，這其中有幾株我特別熟悉，因為去年颱風季節被吹散了一部分的枝葉，顯得特別瘦小。果不其然，這些瘦弱的樹木在颱風來時，就脆弱彎下腰來，也不乏支撐不住而攔腰折斷的。這群瘦小的樹群中，有一株特別顯眼，在過去一年間，它不知道什麼時候歧出了胳臂粗的新生枝椏，多了一個點撐住地面，在風狂雨驟中，它只欠了欠身子，但顯得特別穩固。

不久後我回到案前，展卷拜讀謝宇程的新作，感觸良深，他以親身的經歷，寫出了現實的殘酷。

每個人都看出，我們社會所面臨的問題及挑戰，實在不可勝數。也有許多學者專家，將問題直指我國的體育體制，他們一語道破：依照現在的教育體制，很難教出真正的人才。

不過，即使目光高遠的政治家書空咄咄，強調教育體制已經瀕臨「系統性失靈」，不改革不行；即使我們都懂、也都同意，但是不知道要多久才能完成改革，也不知道改革到底會不會成功。

「總體」不行，「個體」總要自己想辦法才行。仍然浸淫在這個教育體系中的人，或是已經完成這套教育的人；像是現在六歲的未來主人翁，到像我這樣已經四十五歲邁入下半場的人，該何去何從？或者說，該如何自力救濟？

本書作者一直是現行教育體制中的菁英，然而在三十歲時幡然發現，原來傳統教育所配備的工具，不足以應付現實，於是他選擇了一條人跡罕至的道路，感受不同的風景。作者在書中分享的，就是現有教育體制下成長的個人，如何自力救濟，創造與眾不同的嶄新可能性。

作者廣泛尋找現實生活中的實際案例，提出解釋及解決之道，其中許多部分，與我所觀察到的現況，隱隱相符，不但令我心有戚戚焉，更打從心底佩服仍然相當年輕的作者，尤其最終篇章「容我提案：突破，創造無限可能」所勾勒出的「全局解方」，最是令我低迴再三，反覆思索。

且讓我用古老的詩句，為這本書「知其不易為而為之」的創新者思維，畫下註解，那便是楊萬里的《桂源鋪》：「萬山不許一溪奔，攔得溪聲日夜喧，到得前頭山腳盡，堂堂溪水出前村。」

創新的思維當下看來是異議，待得未來迴看現今，必然堂而皇之，擲地有聲。

各界好評

人們對台灣教育品質和職場出路抱怨之餘，可曾意識到自身想法過時、是否全面了解大環境的變遷和新時代的技能需求？宇程的新書對此提供第一手資料和思辨，與我個人觀察心得極為契合，滿心推薦給年輕朋友和教育工作者！

洪士灝 台灣大學資訊工程學系教授

這是一本關心自己的未來，或者關心自己親人的未來，或者純粹關心台灣人才培育的朋友，絕對不能錯過的好書。作者以他親身走過的經歷，以及敏銳觀察，具體指出年輕人如何找尋發展方向、積存自身能力的好方法，值得深思！

陳良基 教育部次長

當舊的職業不斷被創新性的新工作取代，當好好讀書將不再是未來保證的萬靈丹時，青年學子該如何做，才能在目前失效的教育體制中，找到能發揮天賦的獨特未來？本書提供了全局解方，讓人人皆可客製化自己的未來。

莊智超 IOH創辦人

在這本書中，宇程從學校、人才、產業等面向來觀察台灣的教育。透過許多人物的實際訪談，詳實呈現台灣社會過去對教育甚少注意的盲點，讓大家對教育有所反思。看完這本書，許多學生、家長將會對教育開始有不一樣的全新思維。

葉丙成 台灣大學電機工程學系教授

如果你想理解台灣教育到底出了什麼問題，有什麼可行的解決方案、年輕人是否有新典範可以學習、該如何打破框架；身為父母該如何面對環境變動、改變自己的心態與對子女未來的期待，那麼，這是最值得推薦的一本書。

詹益鑑 AppWorks之初創投共同創辦人

這個世界變化太快，許多過去的模式和經驗已不足恃。宇程的新書讓你知道，只要有不同的眼光，不一樣的思考，或者不拘泥於過去的做法，你就有機會掌握未來。

管中閔 台灣大學講座教授、中央研究院院士

認識宇程這幾年，看他熱誠地為教育在燃燒著！宇程從構想到實踐，我們彼此交流，也推薦他更多的訪談對象。非常喜歡宇程整本書的架構。如果說十年後的好工作，現在還沒出現，那青年學子該具備的是什麼呢？我想特別提點的是：態度！面對變動世界的好奇心、和人協同合作的溝通力、真心為他人喝采的風範，誠實面對自己，勇敢活出精采人生！

鄭端儀 Rosa's monthly workshop創辦人、台大、政大管理顧問社輔導顧問

找到自己的熱情和值得全心投入的領域、提前預備未來所需的能力，並結交願景相同與志同道合的夥伴，是我們在大學及剛出社會時最重要的事。宇程訪談了許多「人才自造者」，提供實際的案例和經驗給讀者參考與借鏡。非常推薦此書給對自我有期許的學生及年輕工作者！

羅荷傑 Jumpstart Program共同創辦人、世界經濟論壇全球傑出青年（Global Shapers）

以上依姓名筆畫排序

第一篇 教育把你變人才了嗎？

當學校教不出優秀，怎麼辦？名不名校已經沒有意義？

聊天時，一個朋友興沖沖問我：「嘿，你知道建中生上台大的比例是多少嗎？」我搖搖頭，「為什麼問？」

「我昨天參加聚會，有些人帶著孩子出席，中午和四個建中學生一起吃飯。我就在想，他們之中有幾個會進台大呢？幾個會上國立大學呢？然後我就跟自己的孩子說：『以後也要和這幾個哥哥一樣哦。』」

不僅這個朋友。在台灣，無數老師、家長、學生……投入大量努力，從國中、高中到大學，要循名校之路成為優秀人才。我們用大量政府預算補貼大學，就是希望產業、國家、社會因為這些人才而日漸茁壯。

我們的期待成真了嗎？

在十八歲的時候，我以非常高的聯考成績進入台大。我當時怎麼想也想不到，我的大學生活會這麼迷惘，會全力學習卻沒有成長。

在二十六歲，我從台大畢業，又在美國非常好的學校拿到碩士學位，我當時也沒有想到，我的工作生涯會這麼挫敗，這麼失望。

到了三十歲，我沒辦法爭取到令自己滿意的生活，找不到對社會產生貢獻的方法，而且前途一片黑暗，如果依照當時的生活常軌走下去，我將背棄所有對自己的期待。

我愈來愈清楚知道一件發生在自己身上的事情：從小到大拚升學，其實是枯竭貧乏的歲月，以為分數就是個人價值，這個幻覺破滅時是巨大的挫折。台灣現在才開始有人意識到，那些名校，其實不知道如何培養時代需要的優秀。

大部分的人都還不明白：為什麼名校不再教得出優秀？如果事實如此，我們怎麼辦？

從三十歲到現在，我花了三年尋找問題的答案。

這一篇，是為了那些和名校有關的人寫的；無論是想進名校，想讓孩子進名校，或是進了名校，或是已經出了名校。我們來談談那無可迴避的失望，以及到底何處是希望。

這一篇，也是為了那些和優秀有關的人寫的；無論是希望自己優秀、發現自己不夠優秀、正在努力培養優秀的學生或兒女。我們來談談為什麼錯的路錯了，以及對的路何在。

01：美國中學是預備大學，台灣中學依舊像小學

某一天我受邀參加一個大公司內部的非正式聚會，這個聚會是要讓員工互相多認識，進而認識公司外部各領域的人士。在聚會中，有小遊戲、有討論、有簡短演講，參加的人除了少數外部人士之外，也有公司資深主管，但大部分是公司較年輕的基層員工，幾乎都是國內優秀大學、研究所畢業。

活動中我注意到一個女生，首先聲明，不是因為漂亮（而已），在場年輕亮眼的女生並不少。主要的原因是她的特質。

大部分的人都很正常，在自由交流時間，和自己原本熟識的人聚在一起吃餐點聊天。活動中有人請他們上台發表想法意見，他們會緊張地試圖躲避；他們站到講台上會不自主傻笑、四肢不協調、小碎步講話、略為結巴、眼神閃躲、不停搓手。

我知道自己也有這樣的症狀。在許多場

合，我希望自己能更積極表達，站在講台上發言能更自在，在社交場合能更積極結交朋友，我知道這很重要。但是我總是感到膽怯，內在有個衝動要避免公開發言，不想被注目，在社交場合躲在牆角研究壁花。

這個女生很不同，她有想法的時候會舉手爭取發言，上台說話落落大方，神情自在地陳述意見，用合適的手勢輔助，眼神與聽眾自然接觸；在自由交流時間，會穿梭群體和不熟的同事打招呼，甚至原本不認識的人，包括我。

彼此自我介紹後，我問她：「你好像不是台灣人？」她微笑：「為什麼這麼說？難道我有口音？」

「口音其實很標準，但你的言行舉止，太不像了。」原來她是台灣人，小學五年級時隨父母到美國讀書，在香港讀大學，畢業後回台灣工作，朋友們叫她黛安。我們後來就討論這個話題：為什麼她和人互動、和群體互動，甚至面對長官的方式，跟同事們都不太一樣？

我們還另外約了時間喝咖啡，仔細聊她的學習與成長經歷，和台灣年輕人的異同，她也很想知道，與美國相較，為什麼台灣年輕人這麼羞怯被動。

聊著聊著，我們才發現，同樣是「中學」，台灣和美國的學生有非常不同的經歷，不只考試或學業壓力。

黛安記得，美國小學六年級和台灣小學差不多，學生分班級，除了少數課程（例如西班牙文）另有老師之外，每班有一個導師負責大多數的課程。但是到七年級進入國中（Junior High）後就不一樣了，黛安不再被分到特定班級，不再和同一群同學從早到晚待在同一個教室。

在美國的中學，大部分課程是必修，例如英文、數學等，黛安可以依喜好和學習速度選擇老師；少部分課程是選修，例如舞蹈、美術、烹飪這些課，五門中要選兩門；物理、化學、生物這三門課中，至少選兩門。

因為是選課制，全年級有四百餘人，全校有上千人，這些人都可能和黛安在課程中相遇。黛安沒有固定的「同班同學」，每換一門課，就要去不同教室，與不同的同學一起上課。她的classmate（同學）僅是「課程同學」而非「同班同學」，課程同學甚至不一定同年入學。美國的國中和高中，整個學習與生活模式已經類似台灣的大學。

台灣的國中和高中，繼續延用小學的學習與生活模式，幾十個學生編進一個班之後，這一群人每天在同一個教室相會，從早到晚一起相處，至少八小時，很有可能超過十小時，一週五天，一年四十週，至少為期一年，長則三年（國中）。

我恍然發現：原來美國的中學比較像為大學做準備，台灣的國高中比較像是小學的延伸。

02：人際關係大學問，台灣學生何時學？

我和黛安像是推倒了第一張謎題骨牌，許多台灣和美國年輕人性格與行為的差別，突然都能夠理解了。

在全新群體環境中建立人際關係，這件事不但重要，而且非常複雜及困難，幾乎每一個有工作經驗的人都深有所感。新進入一個群體，我們需要懂得如何「適度」呈現自己，從髮型、衣著、表情、話題、步態手勢，其中的學問不下於流體力學或是微分方程式。

「人際關係」不是與生俱來的特質，而是一連串技能。熟悉這些技能，會讓人感覺到舒適，給旁人留下開朗、機智、幽默的印象。「人際關係」需要透過熟練成為習慣，就像呼吸與走路一樣，不感到緊張與刻意，才能流暢與真誠。

擅於快速建立好印象、建立人際關係的人，不是偶爾做得到。他們總是做得到。這不是運氣，不是巧合，其中有道理，是禁得起分析的科學，甚至是工程學。誰有這個能力，常能成為群體領袖，贏取友誼與信任，甚至比較容易爭取到愛情、商場機會。

建立人際關係的能力，必然需要學習、演練，甚至在錯誤中不斷嘗試修正。這樣的機會，在台灣的中學時期非常稀少，但在美國中學時期卻非常多，有很多原因造成這個差異。在學校環境中，一個大原因在於台灣是班級制，美國是選課制。

台灣中學生的人際演練：2．5次／6年

在班級制的台灣，國中與高中六年之間，學生進入新群體、建立人際關係的經驗，可以少到只有二．五次。

第一次是國一，同班三年。第二次是高一，同班一年；最後半次是高一升高二的分組，因為常有部分同學和高一相同，所以這算半次。每次換新班級，帶來新群體環境，學生接觸到新朋友、組建交友圈，接下來的一到三年，會一起做報告、打籃球，甚至上廁所。

但除了這些時機外，台灣中學生常常連隔壁班同學都不認識，下課補習也不是為了組成交友圈（雖偶有交男女朋友）。參加社團的經驗是補強的機會，但是並不普遍，即使有也不是常常發生的事。甚至每次分班之後，同學通常不會刻意建立交情與關係網絡，因為每天會和這群人關在同一個地方一整天，不想熟也得熟，所以全然不必努力建立人際關係。

在中學階段，也就是性格發展的關鍵時期，台灣學生幾乎沒有機會學習、演練如何開展人際關係，甚至沒有意識到這是件重要的事。沒有新的交友環境，就不會意識到需要交友能力，沒有需求就不會練習，沒有練習就不

會熟練。反觀美國中學不採班級制，所以他們有一次又一次融入陌生人群的經驗。

美國中學生的人際關係演練：100次／6年

美國中學生既沒有班級，課表全依個人選課結果而定，所以一學期若修八門課，這學期就至少參與了八個不同群體，也許少部分人是重疊的，但絕非多數。他們每堂課會和全然不同的學生比鄰而坐，和全然不同的學生合作寫報告。即使不算體育、宗教、嗜好性質的課外活動（美國課外活動可多了），僅算六年在學校修課，就至少提供接近一○○次融入新群體的機會，而這極可能是低估值。

在這一○○次融入新群體的機會中，他們若是害羞被動，就成為壁花隱形人，若是張狂惱人，就招來反感抵制，他們也會因人際關係問題苦惱。但是沒關係，下一門課，下個學期，他們痛定思痛，檢討改進，從錯誤中修正，從練習中改良，再怎麼笨也學到其中竅門。

二．五：一○○，美國與台灣兩地，中學生階段在學校演練建立新人際關係的機會，接近這個比值。

到大學，這個差距可能繼續擴大。在台灣多數大學，學生入學後立刻進入某科系，再次形成類似班級的人際關係圈，學生可以繼續躲在小小的人際圈中互相取暖。在美國多數大學，學生沒有科系框架，常適合在校學生自由建立人際網絡。

人際關係其實不見得需要學校老師來教，只要給予良好環境，人就會自己發展。但台灣的教育環境，不只忽略，甚至常常扼殺學生練習、拓展、精通人際關係的相關能力。學校體系常還會給我們不利於發展人際關係的價值觀：交遊廣闊、長袖擅舞、能言善道……這些詞都帶有明顯貶意。

愈長大，我們愈會發現，建立人際關係的能力非常重要，偏偏，當我們意識到的時候常常為時已晚。三十歲後才開始學習，就像太晚開始學習外語，非常吃力，而且效果受限。

在我們掙扎追求優秀的路上，在學校中養成的內向與膽怯，是學校體系送給我們的一套腳鐐枷鎖，常常一戴就是一輩子。

03：軍隊訓練般的教育環境

我們發現，人際關係低落，很可能也是在學校經驗中種下的原因：老師的權力。

到高中畢業之前，台灣學生每天生活在固定教室中，面對固定同學，以及固定的導師。這個導師要每天照顧、看管、監視一班三、四十個學生，還肩負懲處與獎賞學生的責任與權力。

美國（歐洲也近似）中學階段這六年，是沒有班級、沒有導師的。大部分學校，會分配十到二十個學生給一個老師，他們每天可能放學前（或一大早）見一面，談談校園生活問題，關心學生與解答困惑，但是並非台灣意義上的導師與導師班的關係。

不僅如此，美國因為從中學（六年級或七年級）開始，就施行選課制，因此每一個科目的老師，都是學生自己挑選的、經過學生本身認同的。甚至可以說，這些學生對老師都有一些反制的權力，你不好好教，我可以不修你的課，叫別人也不修你的課，讓你丟臉死！

我和黛安愈談到細節，愈意識到，歐美學校像個小社會、小社區、小市場，學生從小學習如何與同輩、長輩相處，在（相對而言）平等與自由的環境中做選擇與規畫，上什麼課，坐誰旁邊，和誰當朋友。

台灣的學校，大致上比較像監獄，或至少像軍隊，學生從小學習的是如何在失去自由的環境之中忍耐，如何順從制度，如何屈服於權威。在學校階段，學生與老師之間的權力模式，往後常常嚴重影響我們面對權力的直覺、反射、習慣。

多數台灣讀者可能不明白，什麼叫做「沒有導師」，在黛安和我說起這件事的一開始，我也很疑惑。

沒有班級、沒有導師就無法教育？

我很疑惑問黛安：「怎麼可能？沒有導師，學生誰來管理、照顧？」我再三確認，真的沒有一個老師被分配到三十來個學生，管照他們的秩序、整潔、成績表現、未來升學結果？

黛安對我的提問感到可笑：「為什麼中學生還需要管理和照顧？中學生自己學習、自我管理，好得很呀。」

我說：「如果你們……遇到困難，找誰求助？」「什麼樣的困難？」她反問。

我搔頭。「例如……學習的困難？」「哪科學習有困難，就和哪科老師約時間詢問或討論囉。」

「如果是……對未來前途方向有疑惑呢？」「學校有專業輔導員（counselor）提供我們人生方向、學習方法、申請學校方面的意見。學生可以和輔導員約時間。」

「如果學生成績不理想呢？」「各科的教學是各專業老師的事，認真學習，是每個學生自己的事，在學校最重要的不是學習自主嗎？不過，後來美國在『不讓孩子落後』（No Child Left Behind）這個計畫施行之後，學校也開始挑出學習成果確實不理想的學生，予以鼓勵、督促，與幫助。」

「你們家長會的時候，家長去找哪個老師？」「家長會的時候，每個科任老師待在他的授課教室，假若某個家長對自己兒女的英文、數學、生物三科學習有疑慮，就去這三科老師的教室，直接找老師討論。和一個老師討論完就可以離開，去找另一個老師談。」

聽完黛安的描述，說真的我呆了半晌。我驚覺台灣中學生這六年，和美國相比，是處在多厚重、多嚴密的權力被蓋之下。

04：學校體制中沒有自由

在美國的中學，老師的教育權責會受到學生選擇權利的制衡。無論是選修課程，或是必修課程，老師要取得學生的選擇與認可，才對學生有教育的權責。如果學生打聽發現某個老師教育方式不合理，內容不恰當，學生可以不修他的課。

台灣的學生，國中到高中這六年，一切身不由己，並且被嚴格控管。在排課制之下，課程或老師都是學校排定，沒得選擇。無論喜不喜歡這個科目，服不服氣這個老師，都得上這門課，接受老師的評價和指揮。

原來在美國的中學，出了各科目教室，他們就是自己的主人。他們不被框限在特定的空間中，空堂就可以運動、讀書、思考，甚至去做實驗。他們不必坐在特定座位，任何課外活動都是自願參加、找朋友組隊報名，而不是被迫以班級單位參加。他們不會有一個叫導師的人，給學生安排小考，要求學生延遲回家，並自認要為他們日後的升學成果負責。

台灣學生，在各科目課程之外的一切時間與行動，還有一個人叫導師來負責管理，決定我們什麼時候下課，督促我們參加以班級為單位的比賽（所以假日要到校練習），督促我們為了人生的前程認真讀書，甚至決定我們的屁股要坐在哪一個座位上，時時刻刻每一天。

和黛安深談了美國與台灣中學教育體制的差距，我有一個很深、很深的感觸：失去自由是犯法做惡應該付出的代價，不該是學習成長必要付出的代價。我們最該學習的應該是如何善用自由，而不是如何習慣於失去自由。

不經過這番比較，我們不能理解台灣的中學生比美國多受了多少壓抑。如果老師的教學不合適、不得到學生認同，學生無法迴避化解。也因為無法選擇，所以當老師和學生出現對立時，可能更加嚴重和尖銳，例如學生透過媒體、政治手段來對付老師等現象。整個青少年時代，學生對自己的學習、交友、說話、表達、時間安排，都極少有機會發展自主性。

消滅自由，直到習慣壓抑

對，就是自主性。大量的台灣學生，小學不可能發展自主性，國中壓抑自主性，高中習慣壓抑自主性，甚至，許多學生下課後繼續補習，上大學之後繼續被大量必修課壓抑自主性。於是，我們發現學生大學畢業後對人生沒主張、沒看法，我們就痛心地指責他們為什麼沒有自主性。

姑且不算大學、兵役歷程，仍繼續加深「順從權威」的經驗，國中與高中這六年，青少年重要的人格發展養成階段中，學生（特別是其中善良的、自我期許高的）接受了這麼漫長、完整、厚重的服從教育之後，「依順權威」這樣的態度被刻在心底，帶到職場，終其一生反射性地不敢對抗權力、下意識地依順權威，毫不令人意外。

班級制、排課制，導師制，這三件事環環相扣，互相造成彼此的必要性和合理性。這件事不僅壓抑學生，也是對老師的折磨與耗損。在選課制下，學生選某個老師，基本上是因為認同這個老師的教法或是內容。但是排課制中，老師無法找到適合、認同他的教學特色的學生。

對導師來說，我認識很有教學熱忱與良知的老師，已經或多或少意識到體制的缺失問題：他們傾注大量心血與力量，讓學生接受現實（失去自由），配合規則（不暴走做亂），運用各種技巧，讓學生比較不痛苦地蹲在牢籠，時時刻刻接受合理或不合理的規範指令，這適合教育僕役與順民，卻不利於教育自主、自立、創造力的自由人。

05：考試測不出學子性向

「在真正開始工作前，都只能專心考試，要去想未來該做什麼，都是說夢而已。」談到過去的經驗，我有這樣的感觸。

「不對！大一，或是更早之前，其實就可以認真思考自己的事業發展課題，而且從大學開始認真做準備。」留學英國的朋友慧琳，毫不留情地否定我。看來，一場辯論無可避免。

慧琳氣勢凌人地告訴我她對英國教育的觀察，「英國學生不用在大學階段浪費寶貴時間茫然和游移，不再花時間修通識、基本共同科目，他們全力衝刺專業，不但三年大學畢業十分常見，而且都具備該學門深入的研究能力。在二十一歲就做好充分準備，開展專業生涯。」

和英國對比，慧琳認為台灣許多人一拖再拖，專業方向一改再改，到三十歲還沒個定向，真是太晚太浪費時間（聽起來是在罵我呢），畢竟人類體能的黃金時間有限，到三十五歲開始就必然走下坡，當然愈早完成專業教育愈好。

「但是，要十八歲的孩子找到志向根本不可能，一定要給他多點時間探索和了解，才可能做比較周全的選擇啊！」我爭辯。

「探索和了解很重要，但這件事根本不用留到大學來做，在中學課程就該完成。」於是慧琳拉著我研究了英國中學內容、升學考試，我驚訝到嘴巴合不起來。

考試怎麼幫你想未來？

之前我總以為台灣很重視考試，在考試上投注很多資源與力量，看了英國的升學考試實況後，才發現台灣根本玩得太幼稚、太粗糙。

英國用來申請大學的考試也有好幾套（台灣有指考和學測兩套），但精神與概況相通。

就舉其中一種考試為例，考科就有四十三種，大學科系可以要求學生提供非常相關的考科成績做為申請依據。

升學考科和科系有多相關呢？可選擇的考科包括了：商學概論、應用藝術與設計、經濟、工程、食物科技、全球發展、媒體、休閒研究、商品設計、表演藝術⋯⋯。

商管科系要學生提供商學概論的成績，經濟系有學生的經濟成績可以參考，要申請傳媒科系的學生可以在媒體這一門科目好好表現，想要就讀工程類科系的學生可以從這個考科來估計自己是否適合。

無論是對學生還是科系教授來說，升學考試提供了相當好的工具，評估學生是否合適、是否準備好進入某個專業領域。

考試妨礙你想像未來？

反觀台灣，以指考為例，只有國文、英文、自然組／社會組數學、歷史、地理、公民與社會、物理、化學、生物等科目，根本沒有多大的選擇空間，而且太多大學科系，學科特質和這些考科差異極大。學測更是每個人考的科目完全相同。

這樣造成什麼結果？學生要用自己的自然與數學成績，來猜測自己是否適合工程類科目，商管教授要用數學、英文、加點社會科的成績來猜測哪些學生可以讀商管。說實話，如果這樣看得準，根本就是半仙了。

當然不是說這絕對不行，但就像要找結婚對象，用對方的三圍和月收入來做衡量標準，不能說全錯，但至少相對而言非常粗糙。

06：選課是事業規畫的前哨站

台灣社會常常詬病我們是「考試指導教學」，其實英國也完全如此，只不過指導得十分合理。

在英國的中學，大部分課程都是自由選課；學生選課的依據，就是他未來有興趣的專業方向，以及他想就讀的科系要求的考科。

大學的專業領域高度反映於升學考科，於是升學考科也要高度反映在中學授課。英國中學根本是小型大學，學校可能開設的課程讓我們看了都會驚訝，包括會計學、銀行學、經濟學、電子學、資訊科技（ＩＴＣ）、傳播媒體，這些學科名稱都像大學專業科系大一的基礎課程。

慧琳告訴我，當然在現實上，英國的中學也有些分類（有的重學術，有些重技能，有的重藝術或設計），而且一間學校不可能開出所有課程。若學生要學的領域、要準備的考科，學校無法找到老師開課，學生也可以自己修習，偶爾請學校老師指導。

英國中學階段，學生選課的範圍比台灣大得多，自由度也大得多。教學配合學生預備未來，而非限制學生配合教學的便利。在學生準備升學考試的同時，他們就在為大學專業打底，同時測試自己是否合適，當然讓學生比較清楚該選擇什麼方向。

相較之下，台灣的中學生，能接觸的學科非常少。自然領域三科：生物、物理、化學從小學到大。要依此判斷自己該讀電機工程、機械工程、醫學系或是化學系，當然嚴重受困於「資訊不足」。

產業現實早該帶入學校

在台灣中學無法想像的各種科目，英國在中學階段要如何教、如何學、如何考？這可能很難一概而論。我們就拿某年大學入學測驗中「企業研究」科目考題來當例子，這份考題真的與研究相關，主題是「英國製造業」。

報名「企業研究」考科的學生會收到一份材料，學生要分析研究、蒐集資訊，可以向教師請求指導，到了考試當天，學生要在考場寫這些題目。我在二〇一五年六月十七日下載了考題，題目如下：

1. 科技改變對於英國製造業造成什麼衝擊？
2. 全球化風潮對於英國製造業造成什麼衝擊？
3. 政策調整對於英國製造業造成什麼衝擊？
4. 英國製造業選擇設廠地點，有哪些考量因素？
5. 英國製造業面對的機會和威脅有哪些？

在題目下方有說明文字，主要是建議學生研究幾個具體的產業，比較不同業種在面對環境變遷上的異同。

這是英國十八歲學生要研究和撰寫的題目！所以，要進商學院的學生、要考「企業研究」的學生，在高中就要研究產業，分析全球變動局勢，並且思考政府、科技、全球化這些因素對企業經營的影響。

在這種狀況下，能在「企業研究」科目得高分的學生，有可能「不知道商學院在讀什麼」，有可能「讀了商學院才知道自己不適合」嗎？

課程設計缺乏邏輯

概略來說，美國中學到大學的分流邏輯是：中學只做基礎博通教育，大學就採取大一大二不分系為主，讓學生有一段時間自由探索與嘗試，這合理。

英國中學到大學的分流邏輯是：探索與嘗試的時間放在高中，中學就開設大量專業課程供選修，讓學生準備好以分科系的狀態進入大學，大學後直接接專業教育，這也合理。

台灣呢？台灣中學只做基礎博通教育，沒有選課的機會與自由，卻要求學生在進入大學之前就做好科系選擇，合理嗎？

想必聰明的讀者，心裡都有數了。

07：思考不自由，因為我們「不在乎考試」？

「在英國，還是有考試的。考題極難，壓力也許更大，我卻一點也不討厭考試。在英國考試，能訓練學生深入而嚴謹思考。」

在 Skype 的另一端，這位未曾謀面的中學生說起話來有些激動，甚至用詞尖銳。「我認為台灣教育可說是腐敗。我在英國功課很多，下個月就要參加升學大考了，但我學得很開心，因為這些考試不會像台灣，只是死背、死背、再死背。」

現在十六歲的 Doug，是一位朋友的表弟，在台灣讀書到國二，到英國讀書一年多，還在努力適應語言、文化差距，正面臨升學大考的壓力。他竟然極為樂意撥時間接受我跨洋訪問，而且一講就滔滔不絕。

「Doug 你先別急，我們先從考試說起。英國也很重視考試嗎？我還以為這是東亞國家特有的現象！」

大考成績定人生，英國也如此

原來，英國不但有考試，而且英國重視考試的程度比起台灣有過之而無不及。英國的義務教育結束在十六歲，在這一年，學生要考「中學普測」（General Certificate of Secondary Education, GCSE）。

在英國，每個人都知道這場考試極為重要。就算不再升學直接工作的人，也要盡全力在這場考試中取得及格以上的成績，因為未來求職時，僱主都會用中學普測的成績判斷員工的語文、數學、常識是否達到基本水準以上。

對於打算就讀大學的人來說，中學普測更為重要，學生得憑這個成績申請兩年制的大學預科（Sixth Form），未來申請大學時，中學普測的成績也要拿出來比較、檢視。

大學預科的兩年，課程極難，壓力極大，因為升學測驗完全沒有跟考生客氣。申請大學時，學生除了提出自傳、學習規畫、過去學習成果等資料外，也要提出大學預科A級考試（Advanced Level）的成績，若沒有考高分，絕無法進入一流大學。

英國重視考試，絕不亞於台灣，但考試帶壞了英國教育體制嗎？不見得，至少，在Doug的經驗中未必。主要原因是：考試方式也有優劣之別。

究竟，區別何在？

考試，怎麼考才是重點

台灣的考試是大量選擇題，即使升大學的學測與指考，不拘文史或理化皆如此。因此，在授課之中，嚴重忽視有組織、有系統的推理和表達技巧。

在英國考試中，絕少選擇題，無論什麼學科，都有大量論述題，或長或短，有些要求學生精簡道出重點，有些挑戰學生推演論證的能力。

舉例而言，在中學普測的化學科中有一題是：請說明自原油提煉汽油的方法和原理。然後給一整頁白紙給學生寫，這題在滿分六十分中占了六分。

在中學普測的地理科試卷，你可能會看到一張地形照片，以及這樣的考題：請觀察這張照片中的地理特色，這個地區能做什麼樣的措施，減少洪水發生時的災害？這題在滿分八十八分中占四分。

因為考題重視觀察、分析、推論，所以平常無論什麼課程，都極為重視廣泛閱讀、口語和書寫論述、具邏輯的解釋與系統性的評估。

英國大考不但非常重視論證題，而且「沒有」標準答案！

在「中學普測」中，大部分科目都有好幾題論證題。每科目滿分六十～八十多分不等，每題論證題可能占六～八分，無疑是考試成績的主戰場，也是學生預備考試、演練答題的重點。這類論證題一概沒有「正確答案」，只有「評分原則」（Mark Scheme）。

「什麼意思？『評分原則』怎麼運作？」我問 Doug。

Doug 很慷慨出借地理科模擬考考卷，和他的答案卷，是的，英國也有模疑考（Mock Exam）。更鮮的是，Doug 日前跟地理老師請教答題技巧，因為當時正在假期，老師竟然錄了一支十四分鐘影片逐題解說，Doug 也將影片傳給我。

點開影片，我仔細聽這位英國地理老師講

解，一面對照題目與 Doug 的答案，愈聽愈覺得驚奇：原來英國教推理論證，是這樣融入在每一個科目的考試中！

經過 Doug 許可，以下舉出兩題，加上 Doug 的答案和老師的講評，都翻成中文。

沒有正確答案，請拿道理說服我

例題一：請舉一個歐盟國家當例子，說明該國如何對應人口老化。

Doug 的回答：（簡寫版）

法國立法保證婦女有三年產假與育嬰假，休完假後可以回原單位任職。當女性不擔憂生養小孩會失業，她就比較願意懷孕生育。另一方面，法國公民扶養孩子、為孩子付學費，都可以抵免稅賦。法國幫家庭減少生養孩子的財務負擔，可以提高生育率。提高生育率，就可以達到平衡高齡人口的政策目標。

老師的說明和評分：（簡寫版）

1. 把重點放在「提高生育率」是不錯的答案，但也可以思考改善醫療和長照體系、引入年輕移民，組織老人的互助團體……這些策略，也許比你在這裡寫的更直接快速。
2. 最後一句話是重點，應該放到最前面，讓讀者知道這段答案和問題的關係。
3. 可以加強比較數量化的分析方法，討論提高生育率是否來得及平衡人口結構，又是否年輕人口會因為同時需要扶養孩子，又要顧及父母，反而有更大壓力。
4. 這是優等的回答，我給你七分，有一分的進步空間。

例題二：請見下圖（本文沒有附圖），這個地區的海岸正發生海岸侵蝕，懸崖剝落後海岸線向後退縮。請探討用硬體工程阻止侵蝕現象的成本效益。

Doug 的回答：（簡寫版）

從圖中可看到，因為海岸受侵蝕，可能會危及住家，所以硬體工程可以保護人民生命財產安全。在 Swanage 有一個例子，花二百二十萬英鎊防護海岸後，據估計產生了三千五百萬英鎊效益，所以這樣做是符合成本效益的。但是，硬體工程的代價是，政府要在短時間內付出相對大量的預算，可能會排擠其他和人民日常生活相關的政府支出。

老師的說明和評分：（簡寫版）

1. 你能正確解讀這張簡圖，並且提出成本效益分析，這樣有達到及格水準。
2. 但是，Swanage 這個地方是沙岸，要進行預防侵蝕的工程，成本和岩岸是否一樣？
3. Swanage 是沙灘，可能有較高的休閒價值，但在本圖的海岸建堤防，是否有相同的效益，也許不見得相同。
4. 這算是及格的答案，但是成本效益要重新評估，所以我給你五分。

看著考卷、答案，和老師的講解，我都驚呆了。這是一個普通的地理老師，在一次尋常的「考後檢討」中，給一個在英國普通十六歲學生的意見。我回想自己在台灣受教育的歷程，從來不曾在考試後得到這麼深入的分析，國中、高中，讀到大學畢業都不曾有過！

在英國，閱卷者心中沒有標準答案，他們是用理性對談的思維，開放被學生說服，賞析學生的論證。當然，不只是地理科如此。

嚴謹訓練思維，才能防止理盲濫情

英國從中學開始，就在考試與做答中讓學生知道，運用自己的大腦思考、主張、論證、說服，是最重要的事。回答論證題，不須擔憂不符合「正確答案」，只要在意是否提出「優秀論證」。

不及格的論證，就是只能提出主觀、膚淺、直觀的見解。在八分之中，可以視水準拿到一～四分。例如，只寫出自己認為、猜想、感覺，在岸邊建海堤會有益於當地居民的說明。

及格的論證，是提出具體例證、資料做為支撐，寫出的答案展現對這個領域有一定的知識，這樣可以得五～六分。例如，以具體資料證明，建海堤的成本，與可能的效益。

優秀的論證，不只是有說服力，而且寫出獨創的深刻見解，舉一反三，這樣可以得七～八分。例如，分析什麼樣的海岸、或岸邊有什麼樣的產業與聚落，應該要積極建海堤，而什麼情況下需要採取別的策略。

我們剛才看到的，只是英國中學教育的情況；這樣的思維培育模式，在預科階段、大學階段，還不斷加強、加深。英國政府、企業、科學界，甚至社會氛圍，一向給人冷靜、嚴謹、宏觀的印象，實在不是偶然。

相反地，拿著簡單而僵固的「標準答案」，在答案上打勾與打叉，這樣做，無論是什麼題型，都是填鴨，難以培育關照整體、深思熟慮的人格。填鴨教育，訓練的是非常短促狹窄的思考，甚至讓人習慣只以最少的思考進行反應、判斷。這樣的教育模式，培養出理盲濫情的人民，一點也不奇怪。

教學窒息，是我們「太不重視」考試？

我們來看看台灣的考試題目吧。我找出一〇三學年度地理科非選擇題第一大題，以及大考中心所提供的官方答案。這題的背景，是有關苗栗縣通霄鎮，過去曾是產鹽中心，後來因為成本考量，改為從澳洲進口。

以下是題目與答案的原文抄錄，和前文中英國考題相比，不須絲毫說明或註解，我們就能看出台灣對學生論證能力的期待與培養，與英國有多大落差。尤須注意，學測題目反映的是台灣十八歲考生的程度，而前文中的考試與問答，是英國十六歲學生的程度。

1. 文中臺鹽公司所生產的海洋生成水，是從哪個海域取得原料？（2分）
答案：臺灣海峽
2. 若與澳洲西部比較，臺灣最可能是因為何種天候條件，導致本土鹽業不敵國際鹽價的競爭？（2分）
答案：雨日較多、蒸發（散）較弱
3. 一九九六年，臺鹽公司在澳洲成立麥克勞湖鹽業公司，主要是根據何種經濟原則，採取此種國際分工經營方式？（2分）
答案：比較利益
4. 二〇〇三年以後，臺鹽公司主要生產產品的變遷，除了多角化經營的概念外，該公司還採取了哪種產業發展策略，以適時調

整產品結構，努力再現繁榮？（2分）
答案：產業轉型、產業升級

看到這兩邊的比較，不知道讀者什麼感覺。我感覺悲傷。

劣質考試摧毀教學與學生

很多人以為台灣很重視考試，錯，其實我們太不認真嚴肅看待考試。

考試是一種檢測工具，任何工具都有高檔的和粗劣的，就算是高檔工具，也要有正確使用方法，方見效益。

但是大部分學校，時時進行的平時考、每學期三次的段考，因為沒有給出題老師足夠的時間、資源，老師無法創作優質考題，經常滿紙急就章、粗製濫造的劣質題目，測出來的數據無法反映一個人的實力。

從平時考、段考、升學大考，總要用最快速方法改考卷，所以我們要出選擇題，選擇題就有明確的「正確答案」，要有正確答案，就不易提出詮釋理解的題目。在這種情況下，正確答案、記憶性題目就成為主流。

當我們用粗糙劣質的考試考學生，考不出真正理解與分析能力，只能考背誦記憶，這就像是用劣質儀器做檢測，結果都是誤導的。

最優質的教育體系，沒有考試嗎？不！如果你到有名的優質教育國度：芬蘭，你一定會被其考試難度震驚。芬蘭高中升大學考試，長達三星期，做答時間實際上超過五十小時，學生要寫長篇文章，表達複雜想法。芬蘭高中生的考試有大量申論題，學生要寫三、四頁答案，不但回答，而且要證明自己知道為什麼。

但是平常，芬蘭學生很少考試，更不做考古

題。

重視婚姻的人，會花很長時間準備，然後結一次婚。半年結三次婚的人，應該沒資格說他重視婚姻。同樣的原則，考試也適用：重視考試，就要少考試，若要考，就認真維護考試品質，對於出題、改考卷投入足夠的人力物力資源。

在台灣的可悲矛盾是，我們不注重考試品質，卻拿劣質考試結果當真理，替老師的教法評優劣、定好壞，為學生定高下，甚至做為依據指引學生的未來。

最後，我們為了應付「劣質考試」而學習，只針對劣質考試測得出來的能力不斷加強，忽略劣質考試測不出的才能。考試沒有錯，是我們長期放任「劣質考試」，讓教育品質長期中毒。

08：大學癱瘓四部曲

十五年前當我進入大學就讀時，我對當時台灣的大學教育相當失望。我觀察到身邊多數同學上課時精神渙散、雙眼無神、消極被動，平時不太讀書，只在考前在圖書館熬夜應付。那時候一位名叫家豪的同學，雖然我和他不太熟，但遠遠觀察，大概也是這樣的大學生。

我那時心生疑惑：難道是我們的DNA壞了？東亞人種、華人、台灣人，從DNA裡就是賤命格，即使讀到台灣最好的大學之一，非要別人逼迫否則不學習，非得被規定否則就會偷懶逃避嗎？

事實顯然不是這樣。多年後我又見到家豪，他整個人非常明快、認真，有數年扎實的工作歷練，熱切地投入和朋友的創業計畫。這次再相逢，我們深談了一個晚上，我發現家豪就是典型的台灣年輕人，為了在嚮往的企業站穩腳跟，無懼極高壓力、極高工時的環境，為了自己期待打造的事業與生活，日以繼夜、不計假日地奮鬥。他說，只有現在加倍努力，才能彌補大學浪費蹉跎掉的時間。

我很好奇問他：「你現在這麼積極，在大學期間為什麼那麼消極，簡直判若兩人？」後來的談話中，理清了我多年的疑惑，原來他在大學各種偷懶與散漫的表現，並不是個人本質性格，而是從高中到大學的環境毒素，造成的一系例「中毒症狀」。

中毒四階段，大學生癱瘓

●第一階段：盲目選系鑄下大錯

在高中階段，家豪大量的時間陷入一個無限迴圈，不斷重複「上課—補習—考試」這三件事。雖然父母、學校還是稍微有給他運動、社團、交友、休閒的空間，但是，認識自己、了解廣闊的世界、思索未來走向……這些極其重要的課題，在高中階段仍缺乏充足和深入的思考。家豪在一知半解、望文生義、社會刻版印象的指引下，選擇後來的大學科系。

這件事，為日後一連串誤會與無奈埋下伏筆。

●第二階段：尾大不掉的共同必修

台灣的大學和高中其實有個現象特別幽默好笑。

在高中，許多學生成天被考試、複習、補習……翻來覆去輾壓得死去活來。這樣學習應該很扎實了吧？不，到了大學，所有的基礎科目要再修一遍，從國文、英文、歷史、物理、化學、微積分、公民憲法……這一大串，叫做共同必修，沒有選擇的空間，直接被排入課程表，幾乎直接填滿二十五個學分，和高中差不多一樣每天滿堂上課。這個現象，從我和家豪當大學生時代一直到今天，改變不大。

家豪現在回憶到，這件事有兩個影響。第一是，他在大一其實幾乎沒有空間廣泛嘗試與探索，找尋真正有興趣的方向，因為時間都被卡死了，也接近學分數上限。第二是，共同必修常常是高中各科的英文化或深刻化，但和各科系主要核心內容無關。修了一大堆共同必修，其實他在大一過完之後，還是對自己的科系沒有明確理解，不確定是否認同、喜歡、適合這個科系。

這局放棄，下局再戰

●第三階段：低空飛過只為求生

家豪大二初步接觸了一些系上的專業科目，終於開始發現：他好像不很適合這個科系，面對大量的必修課目，他既提不起熱忱也無法逃避，每天到課堂上發呆、趴睡，在期中期末考前臨時抱佛腳。

等到大三，家豪終於意識到問題：如果他對當時的主修專業沒興趣，需要格外努力尋找未來的方向。於是，雖然系上大三必修課排得少了，家豪開始修一大串「可能有興趣」的領域課程，再次擠滿課表和學分上限。結果，他無力照顧每一科，所以學校規定要修的通識課程、系上規定的必選學分，他都挑最涼、最輕鬆的課，花最少的心力，只求低分飛過。這是懶惰嗎？在我來看，反而比較像求生。

●第四階段：放棄大學保研究所

到了大四，家豪終於看清自己可能更適合走另一個領域。但是他大四才發現這件事，再怎麼修課也來不及深度學習，如果要雙修輔系已經太晚、無法提出申請，於是他透過考研究所，轉進比較有興趣的領域。家豪報名補習班，把時間留在圖書館，開始找朋友組成讀書討論會。至於在學校為了補滿畢業學分所修的課程呢？他當然只求用最小的努力，應付及格就好。

大學畢業後，家豪整個清醒，變得積極、有方向與目標。到現在，我和他見面，既驚訝他的改變，也喜見他的成就。

家豪是DNA有問題嗎？顯然不是。問題出在整個學習歷程中種種不自由的毒素，讓個人無法及早清醒，無法選擇自己的學習之路，這些因素不只影響家豪一個人，許多大學生也有極相似的經歷。

09：修課的判斷與選擇？你沒資格！

台灣大學生在選課上有多麼不自由？有個對比也許比較好了解。

就拿哈佛大學的「物理化學生物學」（Chemical and Physical Biology）這個學士學位來列舉，這科系的學分要求，只有一門課是「必修」，另外十二門課都是「必選」，或四選一，或五選二……。

在哈佛大學，大學生每學期大約修四門課，極少超過，八學期共三十二門。大部分學位列舉的修課要求，大約只占四年修課總數的三分之一，很少到接近一半。在學位必修學分之外，學生完全可以依自己的喜好修課，「毫無限制」。

英美多數優秀大學的「毫無限制」，是貨真價實的「毫無限制」，沒有大一共同必修，沒有體育及憲法必修，沒有通識必選學分，沒有一大堆條條框框。

	畢業最低學分	有限制學分	有限制學分比例	真正自由選修學分	真正自由選修學分比例
交大電子系	129	115	89%	14	11%
陽明大學生物醫學影像暨放射科學系	140	133	95%	7	5%
台大化工系	140	137	98%	3	2%
師大歷史系（教學組）	154	129	84%	25	16%

在許多歐美國家，從中學開始就給學生大幅度的選課自由。台灣卻連大學的選課自由都極為有限。

如果和台灣的情況對比，會得到什麼結果？

國立大學在諸大學中拿最多經費，享最高名聲，我們也一直認為比較尊重學生、學風自由、爭頂拔尖。國立大學對於學生選課，給予多少自由呢？

如果將必修、必選、共同必修、通識科目等等都算為「有限制學分」，究竟完全自由選修的學分，占畢業學分多少比例呢？請見上表。

被迫混學分，再多也枉然

如果是膚色，或許「黑一些健康，白一些清新，各有其美」。但選課自由度這件事和膚色不同，並不是各有其美。犧牲學生選課的自由度，會帶來幾個極大的負面結果。

第一，阻擋、延遲了探索。多數大學生

選科系前，其實沒有認知清楚外在環境、本身特質、科系內容。學生進入大學後，「探索方向」是很重要的。必修課太多，而且大量的必修課排在大一、大二，常使學生沒有心力再去探索。等到必修課稍少，學生已經大三、大四，這時才開始探索前路，其實代價更大。

第二，老師可以偷懶不改善教學。可以自由選課的設計，若老師不認真備課、不提升課程內容與技巧，名聲不好，他開的課就招不到學生。但若選課不自由，爛老師的台下還是一堆學生，他不會意識到需要改善。

第三，無興趣、無動機的學生。有些學生修課，只是為了拿到學分以求畢業，既對課程無興趣，也不是被老師的教學特色吸引。易地而處，我們就會明白學生為什麼上課睡覺、滑手機，因為根本缺乏內在動機。其實，這也是對老師的折磨不是嗎？

第四，極弱的學習成效。支持高比例必修課的教授，他們的論點往往是：必修課多，學生才學到該學的東西，但我們卻看不到相應的實際結果。哈佛和劍橋的學生，學位必修課數量與台灣同領域通常不到一半，哪一邊的素養能力比較好？答案不言而喻。其實，沒有學習意願，沒有用心教學，排再多必修課也是枉然。

有一些高中生選大學科系，會先調查必修學分數，這是對的。但他們若以為，某個科系有很多必修學分，應該會學得比較扎實，於是優先選必修學分多的科系，那就錯了。其實，必修學分愈多，愈不尊重學生的選課自由，愈不是優良的學習環境。

不自由很難有真愛情，不自由也很難有真學習，世界各地，自古而今皆然。

10：修愈多學分，學習情況愈糟糕

「僅僅是瑞典六個星期的課程，帶給我的收穫，比我在大學三年的加總還要多。」我曾經訪問過一個交換學生，她這樣描述其中一門課程。我當時心裡不太相信，覺得對方誇大。奇怪的是，這不是特例。當我和有留學、交換生經驗的人討論外國的教育情況時，類似的對話經常出現。

「外國的月亮特別圓、遠方的和尚會念經」也會迷惑我們對教育經驗的認知與判斷嗎？我一直很疑惑。

日前，在美國讀博士班的 Andrew 和我約喝咖啡，我再和他提了這個問題。Andrew 的回答讓我驚訝：「可能因為台灣學生太勤於修課了。」

Andrew 在台灣讀大學階段，曾經在台灣重點大學主修工程，雙修社會科學。後來他負笈美國攻讀博士已經近六年，而且有不少授課經驗。在美國高素質的大學中，學生修課都非常慎重，例如哈佛，學生幾乎不同時修超過四門課。

他這麼說：「我們台灣的學生，常會選過多學分，把課表排滿，把這當做認真與好學的表現。我們在聊天的時候提到學分超多，甚至超過二十五個學分、超過十門課，一邊抱怨自己好累，一邊得意自己是用功的學生，有許多學分與知識『進帳』，殊不知這會造成學習淺薄、教學劣質的惡性循環。」

我有點疑惑：「這樣講是不是太嚴重了？」於是，Andrew 給我做了一番分析。

心力時間有限，狂修課當然讀不深

Andrew 拿出一張紙（如左上圖），給我做了一次試算。

假設一個學生每週一日徹底休假，六天投入學習，每天扣掉吃、喝、交通、睡覺時間剩十二小時，則每週共七十二小時用於學習。

假設學生每週參加社團、打工實習花八小時、交友和運動共八小時、學語言及課外才能八小時，則用於校內課程的時間剩四十八小時。

如果是一個台灣學生，他修八門課，每門三學分（上課共三小時，如果附實驗課則更多），光是上課就用掉二十四小時，剩下時間攤下去，每門課只能用三小時做課外學習。

反之，若是一個哈佛學生，他修四門課，用一樣的模式計算，上課只用掉十二小時，扣掉二十四小時的課外學習時間後，平均分攤給四門課，每門課可用九小時來做課外學習。

注意了，每週課外學習時間是三小時或九小時，決定了學習模式的深度。

	歐美	台灣
每週學習總時數	12 時 X 6 天 = 72 時／週	12 時 X 6 天 = 72 時／週
①社團、打工、實習	8 時／週	8 時／週
②交友、運動	8 時／週	8 時／週
③學語言及課外才能	8 時／週	8 時／週
④上課時間	3 時 X 4 門／周 = 12 時／週	3 時 X 8 門／周 = 24 時／週
每週課外研習時間（扣掉上述①②③④時間後，剩餘時間再除以修課數）	72-8-8-8-12=36 時／週 36 時／4 門 = 9 時／門	72-8-8-8-24=24 時／週 24 時／8 門 = 3 時／門
復習上課講義與閱讀課本	3 時／門	3 時／門
準備作業、考試、學期專案	3 時／門	0 時／門
主動深入探索	3 時／門	0 時／門

每天練習「膚淺學習法」

台灣學生每門課的課外學習時間，勉勉強強每週三小時。說實話，在課後讀老師的投影片講義、課本內容，可能三小時就用光了。如果課本是超厚的英文書，也許花三小時還讀不完。要對付習題作業、學期報告、期中期末考，只好熬夜，掙扎度過拿到學分，這是台灣一般大學生的學習模式。

在這種模式下，即使多修課，也只是重複最膚淺的學習，短時間內記了知識拿了學分，卻沒有學到深刻和廣闊思考。

Andrew 觀察到，在美國因為修課少，每一門課可以攤到九小時的學習時間。如果學生也用三小時複習上課講義與閱讀課本，用三小時好整以暇對付習題作業、規畫和推進學期報告、及早準備期中期末考，學生就不用大量熬夜了。更重要的是，他們還有三小時可用。

這三小時中，學生能做老師不規定的學習活動，自發性提問、找資料、和人請益與辯論，主動深入探索一門知識，動手將想法創作為實物，將創意推展成商機，思考所學和個人生涯與社會前途的關係，這三小時正是深刻和廣闊思考的萌芽點。

大班教學降低師生互動率

學生每人修課數目如果翻倍，有另外一個極不好的後果，就是每個班級的平均人數也會翻倍，這還是在相同的師生比前提下（事實上，台灣各大學生師生比，原本就遠高於歐美）。

課堂班級人數翻倍又有什麼了不起呢？Andrew 告訴我，過去在台灣常常聽大堂講課，也不知這有什麼不好。到了美國，甚至自己當講師，才知道課堂人數增加，極度不利於教學品質。

假設一個老師，扣掉研究、行政、校外演講、指導碩博士生……等種種事務，一個星期投入十二小時在一門課程上。扣掉上課三小時、備課三小時，剩下六小時。

若這個老師在台灣，班級人數六十人，在台灣還不算是個大班呢！每週有篇小論文作業，老師每篇讀六分鐘，讀完六十份作業，加上批個分數，就剛好三百六十分鐘，六小時用得一乾二淨。

若這個老師在歐美，因為學生平均修課數量只有台灣的一半，所以每班人數也折半，只有三十人，在歐美算是個中大班級。每週一樣有篇小論文作業，老師每篇讀六分鐘，讀完三十份作業，用掉一百八十分鐘，還有三小時可用。

這多出來的三小時，就是教學上最寶貴的時間，老師可以為每學生再多花六分鐘，或者回答問題，或在作業上補註評語，指出學生思考的盲點，肯定學生努力的成果，建議學生下一步加強學習的方針，推薦合適的學習材料或讀物，提出值得學生進一步思考的問題，這些事情，就是教學品質的關鍵所在。

寫在課本上的、放諸四海皆準的事實與學術理論，早就不是學校教育最有價值的東西，因為在網路上隨時查得到。學校中最有價值的，是教師針對學生個別特質給予的點撥指引，而這件事，只有班級學生人數減少時才會發生。

教育品質從矯正學習動機開始

在台灣多數大學，包括自認為頂尖的大學，還以為老師熱忱一些，學生努力一些，可以解決教學品質的問題。不，這不是個人態度的問題，而是規則錯誤造成的惡性循環。

在前面已經提到，台灣大學生，大一有各種共同科門占據課表，大二之後必修課多到足以傲視世界，學生為了探索科系外的人生方向，累積跨領域知識，勢必要爆表修課。倘若申請了雙主修或是輔系，更要在畢業前多修十門到二十餘門課程。

大量修課的代價，往往是每門課都學得膚淺；每班學生人數太多，教學難免流於粗糙。學生一直上課卻沒學到東西，自然對自己的能力與未來沒有信心，他往往會修更多的課，希望填補不安。

於是就造成了害人害己、害學生也害老師的惡．性．循．環。

就像是「吃到飽」的自助餐，因為覺得交了錢就要吃回本，不加自制地狂吃，其實對健康不利。在大學修課也是，修到爆、修到撐，其實不利於學習也不利教學。

要洞悉自己的處境，學生的自覺很重要，但無奈的是，常常在大學之前，我們的學生就被扭曲的教育方式，摧殘得不知什麼是真正的學習。

11：宿舍是重要的教學場所

在台灣某頂尖大學宿舍逛了一圈後，彼得的表情無限同情，外加不可置信。

「我難以想像這種住宿常態，單人房很少，大多學生四個人住一間，這樣不是互相干擾嗎，根本沒有隱私可言吧。我看到四人房的空間還非常狹窄，這樣的空間要住四個成人，真是不可思議，很難想像這樣的生活品質。」

彼得是哈佛畢業生，到東亞幾個國家走訪，也來了台灣。到朋友的大學逛了一圈，對朋友住的宿舍感到有些驚恐。

「宿舍沒有廚房，那學生根本不可能烤蛋糕、煮食物一起分享。也沒看到冰箱，那麼連買袋水果吃幾天都很困難。對了，男生宿舍的襪子味……」他嘖了一聲，顯然不是稱讚。

「也許在這樣的環境中，可以學習到刻苦耐勞啊！」我還花了一些時間把「刻苦耐勞」的意思翻譯給彼得聽，他沒有立刻答話。

過了好一會兒，他接續這個話題：「如果大學的住宿環境，只是讓學生學習忍耐不舒適的環境，那麼也許錯失了學習更有價值的事情。」

哪些更有價值的事？至少有四點。

1 學習生活品質，為品味產業打底

台灣的學生宿舍，常常只是學生睡覺，頂多加上K書的地方。歐美的學生宿舍是生活場所。

歐美常見（不是全部）的住宿形式是四到六個學生住一間公寓，每個人擁有自己的寢室，共用客廳、衛浴。如果付多一點錢，學生也可以擁有獨立衛浴設備，甚至獨立的套房。公寓式的宿舍多半有廚房，裡面會有公共瓦斯爐、烤箱、微波爐、冰箱等基本配備。

這樣的宿舍，學生能真正學習生活：有陽台可以種花種草，客廳和房間可以稍微規畫妝點，廚房可以煮食，並且一起聚會用餐。

在彼得的經驗中，因為有自己的獨立空間，學生的作息不會彼此干擾，不會因為一個人熬夜或晚歸讓別人睡不著。因為有隱私的空間，學生可以從大學開始，經歷全面和完整的感情生活，許多事不必壓抑或躲藏。

台灣人養成「刻苦耐勞」的習慣，造成我們研發產品常常不精緻，不體貼需求和感受。當歐美年輕人經營生活品質成為習慣，自然就孕育了那些生活品質產業，如家具、衣飾、廚具、寢具……而台灣這類新興國家，就必須從歐美進口購買。

2 跨領域友伴，終身無價資產

當宿舍讓人有美好生活、有美好回憶，它

就成為建立友誼和認同感的基地。拿哈佛當例子。

哈佛規定一年級新生，全都住進校園最有歷史的建物之一：哈佛大院（Harvard Yard）。在二年級，則以亂數為主的方式，分編至十三個「家族」（House），除非有極端原因，否則學生不會搬移，也不會外宿。

十三個家族各有家徽，各有傳統與儀式，有的家族每年固定辦音樂會，有的辦劇戲表演。以彼得的羅威爾家族（Lowell House）為例，每年他們會舉辦學生演講，讓學生用五分鐘的時間分享他們的想法。家族幾乎每天都有活動，例如三月下旬，羅威爾家族有電影會、中國菜日、科學講座。

每個家族還有專職的院長（Dean）以及一整個團隊，負責經營家族的活動，以及關心學生、陪伴學生成長。因為許多人努力投入，家族成為哈佛大學內，最重要的傳承與認同單位，即使畢業多年後，仍是強而有力的情誼連結，比台灣科系的情誼，有過之無不及。

哈佛大學不是特例，在歐美傳統與歷史悠久的學校，都有經營宿舍認同的傳統。因為宿舍中會有各領域的學生，所以歐美學生的跨學科交流、友誼、合作，是求學生活中自然而然的一部分。

3 分享傳承，幫助生涯前瞻

歐美宿舍是可以生活、建構認同感的地方，還是幫助展望人生的地方。

彼得告訴我，在「家族」中，高年級學生已選定專修，所以關於修課、選學系、發展生涯，這類問題不愁沒有人請教。除了高年級學生外，每個家族還有專人（例如教師或是研究生）提供生涯前瞻的建議，例如赴外留學、學士後法、學士後醫、就業路徑、公部門職涯。

除了職涯，家族還有各種人生課題的顧問，例如財務、女權、性別、健康顧問等。每個家族至少有兩個教授，負責營造一個有益人生和事業探索的環境。

4 學習管理、服務、領導

在某些歐美大學，會任用高年級學生擔任舍監，給予報酬，讓學生從中學習管理、處理生活紛爭。例如，密西根大學安娜堡分校（University of Michigan-Ann Arbor）會招募成績達到一定標準的高年級學生，由學校提供食宿，工作內容是為樓層的學生處理疑難雜症。

例如，隔壁學生干擾鄰舍、半夜大聲播放音樂這類的事，都可以要求舍監出面干涉，就算是單純和室友處不好，也可以請舍監調停。只要成績達到基本要求，任何大三、大四學生都可以申請。學校給社監的報酬，包括食宿由學校負擔、或是住宿費用減免。

對於不寬裕的學生來說，擔任社監往往可以減少許多開支，所以他們會全力爭取，如果爭取到了，也會全力以赴，在宿舍辦活動、強化宿舍認同感、服務宿舍中的同學。在服務的同時，他們也在學習管理和領導。

宿舍辦不好，世界百大又怎樣？

要判斷一個學校有多重視學生，看宿舍就知道。

重視學生的學校，會用各種方法讓學生學習到那些課堂上不教的東西，包括生活品質、跨領域友誼、生涯與事業前瞻、服務管理和領導……宿舍就是重要的教育場所之一。因此，學校會讓學生感覺到家族般的溫暖，畢業後能以自己的宿舍為榮。

不重視學生的學校，把學生塞入宿舍後，只負責確認有電水、馬桶不塞、不冒火災。至於學生有沒有隱私、有沒有培養生活品質和美感，有沒有溫暖和認同感……這些學校認為不重要，他們的藉口是：這能學習吃苦耐勞。

經營良好的宿舍，不是奢侈，更不是浪費，而是對教育的深入察覺與洞見。連宿舍都沒有認真經營的學校，用論文數量衡世界百大，其實也只是教育領域的一樁笑話吧。

12：今日留學該想的事，與十年前大不同

「心中仍只有英美，依據大學排名做判斷依據，將留學和拿學位畫等號，把學位視為提升薪水的方法……你們這樣的思維還停留在三十年前吧？」Martin 大哥雖然笑著說，但這句嚴厲的話，還是讓所有人閉嘴、皺起眉頭。

雖然我心裡認同，但這麼直白的表達還是讓我抽了口氣。

這次聚會，有位快當完兵的年輕朋友，他提到計畫出國讀碩士，詢問我們的經驗或意見，當大家你一言我一語辯論哪些是「名校」，哪些只是「普通」時，在海外工作多年的 Martin 大哥冷不防發話：

「首先，如果你覺得付幾百萬學費換到學歷，回台灣工作就身價翻漲，你最好先死了這條心。第二，這個全球化時代，為什麼留學只考慮英美？第三，你剛才提到的排名，只是學術排名，如果你只讀碩士，日後不待學術

圈，看學術排名有什麼用？」接著，Martin 大哥說了一個簡短的小故事。

若鍍金不保證薪資，值得嗎？

一個從英國諾丁漢特倫特大學（Nottingham Trent University）念完碩士回台的女孩，想在老家台南找工作，好不容易有個機會，是身兼行銷、廣告、業務三職的工作，對方開價兩萬四，沒有年終、加班費、試用期半年。這個女孩差點當場昏倒。和老闆喊了兩萬八，老闆露出「看到鬼」的表情，還說這是破壞行情。

最後，這女孩在台北的外商公司，找到月薪三萬八的工作，去掉租房、伙食、正常開銷後，根本不太能存錢。

到英美讀碩士的功能，通常學到的是基礎的研究方法，和學科稍微精深的學識，除了英文能力提升外，不見得學到企業中工作所需要的能力。務實的企業主早就發現，在「留外碩士」這層薄薄的金箔下，本質仍然是銅、是鐵，或只是壓克力。

許多人千辛萬苦出國，滿懷希望回台灣，事業還是高不成低不就，這才發現英美學歷不是通天梯。留學讀碩士花上兩年青春歲月和好幾百萬學費，如果圖的是回到台灣後提升薪資，那得撥撥算盤：要多少年才把成本掙回來？

這位年輕朋友愈聽眉頭愈緊，面色愈土黃。他張望其他幾位較資深的前輩，以為大家都會感到意外，或是希望他們提出另一番言論，但對在場多數人而言，這樣的觀察早就不是新聞了。他留學的美夢一下子被丟到冰窖，怯生生反問，「Martin 大哥，你的意思是，現在不該出國留學嗎？」

「應該不是這個意思，」我接下這個話題。「只是，今日選擇留學地點，可以有別的思維方針。」

留學新思維1：找尋第二個家鄉

留學讀碩士花的錢，買學歷是愈來愈不划算，但是如果買另一種東西，也許就不貴了：下半輩子的另一個家鄉。

台灣是個不錯的地方，但不見得適合所有人。世界的某個地方，也許它的文化、氣候、產業環境是更適合自己。困難點在於，大部分的國家直接移民都不容易，投資移民要身懷鉅款，專業移民要先找到當地僱主，婚姻移民則要和當地人結婚。

投資移民一般人不必想了，婚姻這事講緣分，但找工作，只要有決心，在留學期間很可能找得到機會，尤其，台灣人的語言和書寫能力，在國際上其實價值看漲。

在我留學各地的朋友中，我不見得羨慕當時讀大名校（哈佛、劍橋）的朋友，我比較羨慕一個在奧地利找到工作，留在當地的朋友。每當我看到她寫當地的生活，當地的美景照片，我就有點懊惱：當初為什麼只考慮美國？

留學新思維2：鍛造堅強的第三外語

過去，許多去英美留學的人能有一席之地，與其說他們多聰明優秀，不如說他們是英語說得比別人順。現在，雙語已經是基本門檻，若你在留學時學好第三國語言，才是真正的優勢。

試想，如果你在伊斯蘭地區或阿拉伯國家留學，學習阿拉伯文，了解當地習俗、文化、法令、產業環境、認識一些當地人和組織，再加上還有可溝通的英文能力、原有的中文能力，這樣的組合，無論是在台商、美商、歐商，只要他們想和伊斯蘭地區（一個接近十億人口的群體）有業務往來，都會對你這樣的人才有興趣。

古代，文明興盛的地點，往往是交通要衝，商賈旅人、農工物產、知識訊息在哪邊匯聚交換，那個地方就會是知識、財富、權力的所在，伊斯坦堡就是最好例證。現在，網路、飛機、貨船，已經讓「地理要衝」的重要性降低。

今日，資訊的節點，是任何運作溝通的關卡，是那些能流利使用多種重要語言的人，他們是全球文化、語言、人際關係上的匯聚點。

任何多國經營的大公司、國際組織，若看到求職者除了中英文，還擅長第三種語言，如西班牙文（拉美）、葡萄牙文（巴西）、俄文（中亞和東歐常用語言）、阿拉伯文，豈不是撿到寶？

所以，今日留學的第二項新思維是：學好第三外語。因為，你能說他們的語言，就能服務他們，代言他們的需求與想法，進而利用該群體中含藏的知識，這讓你擁有更高的價值。在這個思維下，英美之外的留學地極為值得考慮。

留學新思維3：與其進名校，不如想個好名堂

出國讀碩士，除了語言外，最值得學的是：一個特定領域的在地知識、人際網絡，偏偏這兩件事情，沒有課程教、沒有課本與公式，極少台灣人知道如何系統化經營。

起點是：找到一個「名堂」，一件你極有

興趣的事，你日後想當事業經營一輩子的事。

假設你留學中南美，而且對服飾設計有興趣，就把握這個「名堂」，為它建網站、臉書社團，或者網誌，然後開始探討當地服飾設計的所有產業資訊：當地的設計人才、偏好設計風格、製造與原料、在地特色商品、通路渠道生態等，同時用中文與西班牙文雙語書寫。

這有幾個好處。首先：練習西班牙文，這不必多解釋。

第二，當你有了這個「名堂」，當地人有認識你的動機。你可以用「將拉美設計帶入中文世界」這樣的名義去訪問當地的企業、設計師，甚至政府。你可以交到同樣愛好的朋友，你將因為認識他們而有影響力。

第三，當你用整個碩士階段將這個名堂經營到具有規模，許多企業會想要認識你，華人地區的衣飾企業、貿易組織，若想將商品賣到拉美，或是想進口拉美商品，不找你找誰？

台灣人愛進名校，名校競爭激烈、壓力大，讀書和寫報告都來不及，等到畢業時，除了一張成績單和一張畢業證書外，什麼都沒帶走。其實，如果不進名校，進一個競爭不強、壓力不大的學校，在課業之餘把一個「名堂」打得發紅發熱，可以比學歷更有價值。

學歷在畢業的瞬間開始貶值

老師和家長從小告訴台灣學生要追逐排名，小學追班上排名，中學搶全校排名，大學比全國排名，這是對學習的盲目和無知。

留學往往是人生最後一個專心累積優勢的機會，而且成本高昂，這個機會只用來追求贏過別人，其實很浪費。碩士留學爭取到的學歷，從得到那一瞬間就開始貶值，爭取到的學科成績單，更是幾乎沒有用。

要真正取得實力走向目標，就要看向全世界，不只看英美加；要看整個人生，不只看向一張有戳記的紙卡。

13：攻學術、學專業，留學前先確認需求

每年年初，大量年輕學子開始向國外名校投遞留學申請，七年前，我也是其中一員。上星期，一位比我年輕好幾歲的朋友和我見面聊天，談他現在的迷惘：借六百萬出國拿碩士學位，是否值得？

這位當事人大學畢業後，在一間知名外商工作兩年，因為對公司文化不認同、心灰意懶，於是想辭職出國留學，拚更好的人生。他打算申請美國大學的商學碩士（ＭＢＡ），正在努力準備考ＧＭＡＴ（Graduate Management Admission Test，研究生管理科學入學考試），但他心中卻很徬徨。

「在美國讀商管碩士，兩年學費加生活費最少要六百萬（也許七百萬比較正常），何況獎學金很難申請到，你付得起學費嗎？家裡能負擔嗎？」「我當然沒存那麼多錢，我的學經歷也不算優秀，申請獎學金的希望很渺茫。

家裡也沒那麼多現金，我出國的學費，家裡可能要和銀行借。」

我接著問：「所以你如果能順利出國讀書，在你畢業那刻開始，可能立刻要背負六百萬的債務壓力，一部分欠家裡，一部分欠銀行。要還這樣的債務，收入需要達到何種水準？如果年收入百萬，一半拿來還債，你（最少）還要還十二年，你之前公司那些有外國ＭＢＡ學歷的同事，他們薪資有這麼高嗎？」他搖頭。

「顯然，如果你背了六百萬債務，你可能要留在美國工作，而且很長時間無法回台灣。這前提還是，你要找到和你老東家一樣的中大型企業並任職中階職位，收入才能在中等以上。依我的理解，在美國這類公司，通常欣賞強悍富有侵略性（aggressive）的人，而你似乎不是。你之前適應不良，心灰意懶，你確定讀了ＭＢＡ之後，就會一切改觀？」

他皺眉苦笑：「我沒說過的煩惱，都被你說出來了。留學諮詢和補習班都沒和我聊過這些。」

「廢話，他們要你一心一意出國留學，才會有錢賺，怎麼可能幫你想整個生涯的事。我再問你，你是為什麼決定要讀ＭＢＡ，或選擇學校？」

「申請ＭＢＡ是因為……我大學讀管理，同系的同學出國幾乎都讀ＭＢＡ，我以前公司同事，也有許多人進修選擇讀ＭＢＡ。我申請學校是看主流媒體上的排名榜。」

我問：「別人做，我就跟著做，這就是你的求學邏輯，是嗎？」他掙扎了一下，表情有點為難，回答：「也許應該說是：別人做，我也不能輸。」

我靠在椅背上看著這位朋友，陷入沈思。

留學很好，就和壯遊、閱讀書籍、看國際新聞一樣，可以開拓視野。但是盲目留學，甚至以幾百萬債務為代價，以未來十幾年失去財務自由為代價，只為了和別人一較輸贏而跟風留學，是否值得，這就值得好好討論。

台灣人太常為了拚輸贏而賠掉人生，台灣人的教育歷程，所有的選擇，常常是爭取別人都想爭取的，而不是爭取自己想要的。台灣人習慣透過競爭肯定自我，很少透過追求自己心中的目標來肯定自我，這樣的現象，要到何年何月？

求學跟風、無聚焦、迷信排名

「你看過那麼多出國留學的學生，有沒有什麼留學過程常見的錯誤，或是應該採取的想法、行動？」

我帶著這個問題，找到專業的ＭＢＡ留學顧問Sabina，請教她的看法。Sabina每年顧問數十個學生進入世界一流ＭＢＡ，開申請課程每年招收兩百個學生，每年在ＭＢＡ高峰論壇會接觸一千多位申請者，對留學申請議題有深刻的研究。

「跟風留學，沒考量未來職涯」，正是Sabina指出的第一大盲點。

Sabina強調，留學不但是投資，還是高額投資，投資青春歲月，以及數百萬新台幣家產。但台灣有大量年輕人，因為天真而未經深思就出國留學了。「因為我想要有國際經驗」「我工作遇到瓶頸想再拿個學歷」「我的朋友都出國，所以我也想試試」……這些理由，Sabina都聽到過，而且很多次！

Sabina看過許多案例，有些人花大錢留學後，在海外找不到工作，回台灣仍做留學前相似的工作，拿相似的薪水。我們也都聽過一些留學讀博士後才發現，這條路無法走向喜愛的生活，於是捨棄學歷從頭來過的案例。富裕家庭就算了，留學當是買人生經驗；但小康以下，這筆錢是父母血汗，兒女應該要更精打細算。

雖然Sabina的專業是申請留學頂尖MBA，但她遇到想留學的學生，通常第一件事不是鼓勵催促，而是釐清問題：「關於留學，你要付出什麼，會得到什麼……你有沒有先做功課？」

Sabina認為，台灣學生很愛看世界大學排名，但是很少人深入研究排名背後的算法和邏輯。其實，大學排名的計算方法，常有內在邏輯缺陷，讓這些排名結果不見得是留學規劃的最佳指南。

例如，很多排名納入教授論文數量，但這對於未來不打算在學術界工作的碩士生而言，出國本來就不是為了學寫論文，依論文來看學校優劣，合理嗎？

有些排名是調查大學教授對其他學校的評價，「但是你想想，」Sabina說，「你問哈佛的教授台大和清大哪個好，他會知道細節嗎？或者，問某個普通州立大學教授，麻省理工學院和史丹佛大學孰優孰劣，這又有可信度嗎？」

因此，排名值得參考，但是看排名的方法，尤其每年排名的更動，要像看「印象畫派」的作品：看大概，不必看細節。大學排名，前三名學校常常輪流坐，二十名上下可能風水輪流轉，四十名和四十五名其實差不多；到了第八十名和第九十五名誰還知道呢？

「如果已經知道自己的興趣和職涯方向，選學校時就應該注意學校的特色和自己的需求是否吻合。」Sabina舉了個例子：Babson

College（百森商學院）的MBA學位不算名列前矛，但在「創業」的商業領域上，卻長期排前三名。

「從申請過程、教學內容，到畢業門檻，Babson College把重點放在創業。學生入學後，第一件事就是先創公司，將所學立刻用在這間公司的營運上。會計課、財務課，都會依照創業者的需求設計。在Babson的教授，相當高比例都有創業經驗。」想創業的學生，如果錯過了Babson，不是可惜？

Sabina說，「在申請之前，最重要的是向學校的畢業校友詢問，能問到同program（課程）的校友最好。可以請教他們學校的學習、生活、現在的工作，甚至問他們是否建議你去讀。這些是最直接、最關鍵的，雖然花些時間和心力，但是不會花太多錢。」

Sabina因為帶過很多學生，也常熱心介紹畢業校友給打算申請同間大學的學生，分享自身的經驗。

除了問人外，選學校的另一個重點常被忽略。

地理因素創造「好機會」

許多留學生也會忽略地理位置的重要性，這關係到之後找工作是否容易。

如果讀財務，在紐約可以占各種便利，身處金融中心，距離華爾街近，很容易透過校友、教授，找到實習機會。因為距離各大銀行、金融集團總部近，要找在職人士訪談請教也就相對容易，如果積極，可以求職前打聽好各家公司的風氣、謀職巧門，等投履歷時，就能有備而來。

除了紐約，Sabina還如數家珍點了好幾個區域：如果要做軟體或是創業，矽谷當然是首選；五大湖區是很多製造業的總部；德州也是許多企業的總部，如果在德州留學，在當地求職也有優勢。

讓留學價值翻倍：聚焦

留學期間不要忽略一件事：聚焦。聚焦於某個產業，或某種企業職能。

以MBA為例，畢業後主流的方向包括行銷、管理顧問、投資銀行……這幾條路雖然有相近之處，但是各有山頭與天地。競爭進入這些公司的商學生，個個都很優秀、努力，而且他們懂得聚焦自己，讓自己的優勢最大化。

Sabina 舉了一個她輔導過的學生為例。這個學生在台灣時不算突出，他從中後段私立大學畢業，之後換過幾個公司，都是名氣不大的中小型公司，英文不好所以GMAT考了八次才過門檻，在這種情況下，Sabina 還是幫他申請進入一所排名不錯的商學院。

因為他很清楚自己目標是矽谷的新創環境，所以他修課、人脈、實習、課外研究，都與創業相關，他一年十幾次不辭勞苦跑去矽谷參加講座、發布會，認識創業圈的人。後來他一畢業，矽谷一個相當不錯的公司就邀他擔任正職工作，而且附帶認股權。

如果沒有明確的興趣怎麼辦呢？Sabina 提了一個聰明的辦法：「看看自己的履歷，試想什麼樣的公司會對自己最有興趣，然後把這樣的公司當做自己學習焦點。自己的興趣，大可以由自己創造。」

不僅 Sabina 這樣認為，我和許多事業有成的朋友談起，他們都鼓勵留學生找一個「焦點」，一件你極有興趣的事，你日後想當事業經營一輩子的事，在這焦點上累積在地知識、人際網絡。

留學可以是夢想，前提是照顧好現實

留學往往是人生最後一個專心為自己累積優勢的機會，而且成本高昂，這個機會只用來追求贏過別人，其實極為浪費。碩士留學爭取到學歷，從得到的那一瞬間就在貶值，爭取到的學科成績單，更是幾乎沒有用。

留學其實沒有那麼夢幻，不是一個「有志青年求上進」的必然表現，需要用現實的方式看待。走向自己最適合的生活，以及爭取到這樣生活的優勢，為這樣的目標留學，才可以說是「不負少年頭」，以及那數百萬學費。

最後，Sabina 補充：「當然，出國留學很難得，只要經濟上允許，出去多看世界，多認識不同國家及文化的朋友，尤其抱著以後再也沒機會的心態，學校裡最出名、最大師級的課程，無論如何都要修，因為你無法預料，它在什麼時候可以成為你重要的啟發和養分。這些重點在書籍、留學生心得中都有寫，但是相對『現實』的考量，確實常常被台灣學生忽略，正因為被忽略，所以值得強調。」

留學生應該要懂：如果你沒有照顧這些很現實的考量，這些很現實的考量就通常不會主動來照顧你。

14：平庸和優秀，都是「教」出來的

大部分人畢業後都明白，教育過程最重要的收穫，不完全是課本中讀到的知識，學歷在畢業後有效期限不超過三年，成績和名次在出校門就化為雲煙。那麼，在教育過程中的努力，到底為我們留下了什麼？

對我自己，答案在高三那年的微積分課。

高三那年的數學老師，其實有一點瘋顛。他上課時間都用在證明那些他眼中很優美、在我們眼中很無用的基本定理。基本定理證明完，他就發習題，一次發六、七十題讓我們回家寫。我一題也不會寫。

全班都徹底放棄這個數學老師和學校的數學課。大部分同學都有補習，沒太大差別，上數學課時就寫補習班講義。但我沒補數學，我也討厭補習，除非逼到絕境，我不想補習，更大原因是，我不知天高地厚認為，都已經考上逍遙遊中學了，高中數學還有什麼好學不會？

於是我去書店花三百元買一本看起來最厚，最詳盡、完整的數學參考書，從第一頁開始，每個字都讀，理解每個公式，參透每個證明，每一個例題都演算到徹底理解。一個月後，我靠自己讀參考書，成為「備考式學習」下的微積分高手。數學老師自顧自證明公理時，我聽懂了，習題也都會做了。

高三那年，我是班上微積分最強的學生之一，幫同學解析難題的那種，聯考數學成績也相當美觀。

那位數學老師是不是好老師？我當時覺得不是，現在仍然不是，我當時不感謝他，現在依然。儘管我當時聯考數學成績高，微積分熟練，但後來的人生卻再也沒有用過了。

但是，我日後的人生，卻受這段經歷滋養最深：發現自己可以克服障礙，達到目標，這份經驗會內化在心底深處對人發生的影響，那是裝不出、借不到、買不來的。

分數會過去，經驗會留下

在學校體系較單一的優劣排序模式中，因為成績、因為分數，這些白紙上的黑字，我曾經以為自己「比大多數人優秀」，甚至還以為優秀程度等同於成績排序。離開教育體系後才發現，多元而複雜的環境中，「比別人優秀」這個概念是錯的。每個人各有他的長才，是我比不過也贏不了的。

但即使誤解退去，發現自己原來不這麼特別，我還是相信自己可以不平庸，如果我可以無師自通微積分，如果我可以在很困難的考試中脫穎而出，我的人生應該可以「不只這樣」。

我也許賺錢沒有比別人多、沒有大車、豪宅、威權，但我可以利用自己的長才，給世界好的影響。總有一些東西是我能做到，而別人（比較）做不來的。這份信念無關比誰優秀，而是對自己人生的期許。

三年前，當長期經營的路走到絕境，無法走向期待的人生，我決定從零開始重新搭建事業。那時我心裡想：也許我不能擅長每一件事，但我一定能擅長某一件事，如果我找到那件事，全力投入，我不會比任何人差；如果這條路的盡頭有美景等著我，我就一定能走到，逢山開路，遇水搭橋。

分數無法評價人生

這許多年來，在當兵、研究所、工作，在為自己開路過程中，當然會有困難，當然會有很深的挫折，也有很難受的處境。在那些時刻，一些過去的師長、前輩曾經給我的讚賞，總會在心底響起：你是個有戰力的年輕人，你是好鐵，要用在刀口上，你的頭腦就是最珍貴的資產……。每當想起這些話，我總可以吸一大口氣，然後潛到更深的水底。

我總是覺得，即使學校所學的知識都忘了，我還是我，知識隨時查得到。即使教育體系很廢，許多該培養的能力與素養都放著爛，我日後還是可以自己學。但是，如果抽去那幾年「克服障礙、達成目標」的經驗，我鐵定是個連我自己也不認得的人。

「克服障礙、達成目標」的經驗，我個人從教育體系受益最深，但同時從社會整體來看，這也是教育體系最值得批判的一點。「克服障礙、達成目標」竟然是特權，只有少數人有資格經歷。

在台灣，升學成績是每個年輕敏感的靈魂，被標定價值、被秤斤論兩最主要（甚至唯一）的依據。我很幸運，當時的升學機制正好符合我的特長。我恰好擅長安靜聽課、死讀書、寫考卷，而且天天不做其他事只拚升學，在升學機制中當然表現得好。

多數學生，他們也有美好的特質和長才，但是和升學機制不合。一天又一天，一年又一年，九五％的學生看著成績單，發現要和五％像我這種考試機器人相比，他們怎麼樣也超不過去，許多人竟然真的相信自己差勁平庸、不擅長學習、思考和求知……這個經歷的惡劣影響可能持續一生。

卓越是教出來的，同樣，平庸也是教出來的。

任何人都有五％的長才，都有九五％的平凡。讓一個年輕人不斷淬鍊他五％的長才，給他克服障礙的機會，他漸漸會開始相信自己能達成卓越。反之，一個人總因為他平凡的九五％被羞辱、刁難、挫折，他所擁有的五％長才被當成垃圾，他當然認為自己平庸。

有時我接觸歐美年輕人，總覺得他們比較膨風、自以為是，但是他們時常洋溢著「是的，我可以」的朝氣，卻是無比珍貴。無論是誰，當他相信「我是優秀的，我的事業和人生也要達成卓越，給這個世界看，也給我自己看」，他們就比較能夠達成。

歐美教育也有諸多不好的地方，但有一點是我覺得特別羨慕，他們透過各種運動項目、藝術展演、技能競賽，讓各種特質的年輕人，透過最適合他們的方式獲得「克服障礙、達成卓越」的經驗。

在學校得到的學歷、分數、知識都是過眼雲煙，轉眼失效。其實，無論畢業自哪一間學校，將「克服障礙、達成卓越」刻印在人格深處的，就是人傑。無論讀哪間學校，如果它看重的是讓學生成為人傑，而不是汲汲營營爭搶最高分的申請者，它就是名校。

決定一個人是否出自名門，是看他談起人生的眼神，而不是他的帳本。

第二篇 走向人才，千萬別錯過的路

如果教改情況沒有令人滿意、樂觀，學校的改變速度遠遠不及外界的變化，我們怎麼辦？其實，「人才」是由自己創造。

如何培養自己成為社會需求中的「人才」？

在我讀大學時，我對未來充滿不安全感。我不知道修課、考試、拚學分有什麼用。為了讓自己安心，我選擇：以量取勝。

我期待自己修很多學分、把考試成績拚到最高，我希望畢業成績單上亮眼的數字，會類似一種貨幣，可以儲存與換算，等量，或至少高比例轉化為日後事業上的優勢。

沒有什麼比投資分數和學分更令人失望的。在畢業後，過去學分和成績的價值，貶值程度超過一次大戰後的德國馬克、國共內戰時的金圓券。

後來，我注意到另一件事：那些和我年齡相近、甚至比我年輕的優秀者中，有一些人表現非常優秀卓越，不是以他的學歷或科系來說明解釋的。我開始好奇，讓他們變成高手的真正原因是什麼？

我採訪他們，剖析他們的歷程，發現那些因素可能是我高中、大學時認為「浪費時間」的事，以為是「不認真努力的人」才做的事。這些事例如參加社團、打工、實習……。

我原以為他們履歷表上多的幾行字，讓他們顯得更豐富精采，得到比較多機會。後來發現我錯了。他們在課外的歷練和實作歷程，不單單豐富了履歷表，還充實了他們的經驗庫、能力組合、國際視野。

要從參加社團中學習，有方法，不是去社團看帥哥、美女就能成長。要從參與活動中學習，有方法，不是聽聽高手的職涯分享自己就會變高手。

好，方法是什麼？方法，在他們的故事裡。

15：社團培養未來工作需要的能力

我最近發現，一個能進入「國際職場」的人才，和一個只能待在專一地域性的人才，有命運上的差別。前者找工作的範圍包括歐、美、日、韓，服務於各種國內外企業，以國際薪資水準計價。後者，很難在本國外找到工作，只能屈就台灣本地薪資。

許多人認為，要找國外的工作機會，唯有出國留學，才是國際職涯跳板。我以前也這樣認為，但最近訪問了兩個年輕人，他們的「國際職涯」起點，竟然是學校的社團。

這兩個年輕人，一位是元智大學畢業的練書晴，最近剛結束瑞典工作回到台灣；另一位是清大畢業的羅荷傑，才二十七歲的他，已經在Google與雅虎等國際企業間有亮眼的表現。不約而同在九年前，他們十八歲剛上大一時都覺悟到，要有競爭力就必須「要有國際經驗」，於是加入了AIESEC（社團法人國際經濟商管學生會），練書晴說：「我的朋友都說，這是一個邪教般的社團！」

模擬國際企業，大學就開始

和許多社團相比，AIESEC最大的不同是國際事務與跨文化溝通的密度。練書晴在總會擔任幹部時，會中就有菲律賓籍的成員，所以會議全程英文溝通，激發各種火花。

羅荷傑本身是AIESEC跨國交換實習生之一，在Google印度辦公室，擔任全球業務營運部門實習生四個月。他發現，要成為國際人才，需要語文能力和跨文化的理解力，前者不容易，後者更困難。

例如，羅荷傑在印度工作時發現，團隊中，印度同事擅長自我行銷、生動表達想法；美國同事傾向結果導向，重視效率，有時會將工作指派給平行的同事，這些都跟台灣文化與習慣不同。

羅荷傑說：「跨文化理解力就是，不拿我們的標準去先入為主評價別人。我們的文化很重謙遜，但這不是印度文化，我們不能用這個觀點去評價印度人。同樣地，台灣人會覺得美國人很強勢、沒禮貌，但我後來發現，這只是他達成效率的直覺反應，當意見分歧或不同意他的指派時，我會平心靜氣說出來，他也能立刻接受。

我也發現其實每一個人都不同，不能用國籍來粗糙分類，每個人的背景和行事風格，都需要被了解。在跨國團隊中，如果缺乏跨文化理解力，就可能發生嫌隙，甚至關係破裂。跨文化理解力，一定要在實際的合作中才能領悟學習，而且愈早愈好。」

有了AIESEC的經驗，練書晴得到去瑞典工作一年的機會，接下來期許自己再爭取美國工作機會。羅荷傑在畢業後，進入一間美國策略顧問公司（Applied Predictive Technologies, APT），負責大中華區市場進入策略與商業開發。近一年多，他進入雅虎公司的亞太區策略與業務營運部門，擔任分析師，接分析手行動數據產品在台灣、印度、香港及新加坡的市場推廣策略。

和他們細談的過程中，我愈明白，他們沒有國外學歷，但卻能在國際職場上受到肯定的原因。

跨國企業主管在面試時可能會問這些問題：是否曾經在跨國機構工作、合作的經驗？是否能用英文流利開會、報告、溝通？是否曾經和多國籍、跨文化背景的人合作達到目標？是否曾在團隊中化解衝突和解決問題？這些問題，羅荷傑和練書晴不但可以回答「是」，還可以舉出實際經驗例證。

即使日後在實際工作中遇到跨文化溝通、合作的瓶頸時，他們不會慌了手腳，不會愁苦困惑，因為他們經歷過，他們心裡有個底。

有些社團經驗只是妝點門面，沒什麼實際用處，但有些社團經驗卻能讓他們的履歷亮眼豐富，更實實在在化為埋入直覺裡的技能，這當然是拓展職涯的關鍵資產。

16：「玩社團」就會領導、團隊合作嗎？

許多大學畢業生寫履歷時，都希望用「社團經歷」來證明自己有領導力、團隊合作能力等各種職場實際需要的素質。但說實話，我自己的經驗和觀察都不印證這個傳說。

在很多社團間遊走、參加很多活動、要了很多Line、加了很多臉友，甚至當上好幾個社團的幹部，就證明擅長團隊合作、擅長領導了嗎？差遠了。

健身房是鍛練身體的地方，但不是報了健身課就會變強壯，要實際到健身房中使用運動設施與服務，你才能達到健身效果。參加社團也一樣，沾醬油掛名參與，抱著聯誼的心情參加活動，當然無法在社團中有所學習。

在社團中如何有效學習領導力、團隊合作，很少人能詳細剖析、清楚說明。

當我問練書晴，參與社團讓她學習到什麼珍貴心得，她第一個回答是：讓自己如何與一群不一樣的人實際工作，學習在群體中「發揮價值」。

她參與的AIESEC是一個跨校、跨國的社團組織，書晴也因此，能密集和不同學校的大學生相處。她發現台灣的學生常有各種自卑，有人因為自己成績不好而自卑，有人因為自己表達能力不好而自卑。

她說：「但是相處、共事一段時間後，無論哪個學校的學生，漸漸都會發現自己在某些方面不比別人差，『考進頂尖學校才優秀』的迷思慢慢消融，學校的隔閡不見了。工作過程中，我們會發現大家都在同一個平台上，一樣可以爭取當幹部，沒有人會因為大學背景而得到優勢。競爭的基準面是：依據你有沒有貢獻、多麼了解這個組織、提出什麼樣的計畫。

各種自卑感，在跨校的平台上相處、合作、競爭中，漸漸消弭。當跨校的合作抹平了自卑，自己才會設立更高的目標，當消融了隔閡，才能一起做出更大的事。」

計畫、爭取、實現，領導人是磨出來的

一般經驗中，班長、班代、社長等職務，常常是同學們之間互相陷害、胡亂投票的結果，實際上只執行一些收班費、跑腿等事務，這些事務對於培養領導人才，幫助實在非常小。練書晴和羅荷傑他們接受的訓練，就完全是另一個格局了。

書晴曾經競選元智大學AIESEC分會會長的職務，那真是過五關斬六將的過程。

選舉分會會長的第一關是擬經營企畫與申請書，還要歷經嚴格的面試過程。首先，現任分會長會邀請合適的人組成面試委員，包括上一屆的分會長、新任總會長，以及資深學

長姊。面試時，面試委員會火力全開，詢問各種經營和執行層面的問題：「你怎麼定義AIESEC的成功經營？」「有沒有什麼舊的規則需要改變？」「未來一年的預算為什麼這樣編？」要通過這一關，才正式進入競選階段，和會員溝通、說明政見，並且透過投票接受檢驗。

練書晴說：「在面試階段，即使只有一個參選人，面試委員也不會輕易放過，只要我的計畫設想不夠完整，就會被打回票。之後，我會再找學長姊指導怎麼改善，重新提案，再面試……。這是一個很嚴謹的訓歷程，可能來回五、六次，一定要磨到進入狀況才能當幹部，確定由適合、準備充分的人當任。」

當上幹部後，一切的磨練才正式開始。

在申請分會會長前，書晴需要先和幹部候選人面談，了解他們的意願，依照他們的能力與興趣，調配出最合適的組織架構，用這架構去競選。選上後，她要再陪團隊成員一個個通過他們各自的面試，歷程同樣挑戰和磨人。

即使有嚴謹的選拔過程，在團隊上路運作後，還是會經歷衝突、跌跌撞撞。例如有人思路跳躍、另一個人線性邏輯，兩個人一定吵架。書晴回憶：「我的團隊也吵過好多次架，還摔門，我也被氣哭了很多次。」

書晴發現，愈有經驗，愈快融入團隊，找到最適合自己扮演的角色來應對互動。例如，她原本個性比較嚴肅、成果導向，但擔任分會會長時，有同伴無法適應討論時的壓力，於是她學會開玩笑，學會鼓勵別人，讓氣氛輕鬆。

大學四年期間，書晴經歷四個團隊，沒有一次是沾醬油的，絕對是深度合作。曾經大吵的幹部們，後來都成了戰友，也成為一輩子的好朋友。她在這個過程中發現，自己可以和各種人共事，也能從中討論出大家都接受的答案，避免「多數決定，犧牲少數」的結果。

和團隊每天密集溝通、共事是一種艱難的經驗。至於四散各方的團隊要如何協調與整合，則是另一個高難度挑戰。

17：空談領導，不如實作

在AIESEC各校分會上面有台灣總會，台灣總會也有個幹部團隊。羅荷傑當過台灣總會會長，他最清楚要就任這個職位前，要經歷多少訓練、挑戰，沒有一絲一毫隨便的空間：

選舉總會長的歷程和分會長相似，但更加嚴苛。選總會長前，也要經過面試委員的審核，通過後，才得到「初步資格」。接下來，就要到每個大學分會做說明、溝通、爭取支持。我用報告說服台灣AIESEC的所有會員，我有能力擔任總會長的職務，讓大家願意把票投給我。

選上後，再對各個AIESEC關係人做正式報告，包括理監事會、社團校友、甚至其他國家總會的成員。我選總會長是大三那年，但我非常清楚，我的報告與溝通不能是大學生的水準，要用專業來服眾。

對羅荷傑來說，帶領跨校團隊達成整體目

標，讓他印象深刻。因為除了總會幹部外，他還要遠距和全台灣分會團隊合作。

在他當會長的任內，他設立一個目標，要送更多實習生出國，招收更多國際實習生到台灣工作。為了達到這個目標，所有分會都要有所行動，他們要說服更多企業接受外國實習生，他們要說服更多台灣學生出國拓展經驗，所有幹部要承擔的行政作業比以往更重了。

有挑戰，才有學習價值

每個社團與社員的立場、期待不同，所以一開始就面臨質疑與反對，例如，有人希望社團提供更多「教育課程」，而不是花時間在「實務工作」。羅荷傑在競選總會會長前，他把全台灣所有分會走一遭，選上後又各去一次，兩次全國大會和全國各分會演講、溝通、相處中，誠懇地溝通理念。

羅荷傑的理念是：「培養人才最好的方式就是工作，要有真正的社會影響力，就要創造更多經驗。社團成員的成就感，是在有明確的目標下努力出結果，而不是開一堆會，卻沒有任何實際成果。」

羅荷傑發現，跟分會幹部明確溝通方法、步驟、價值後，分會通常都會願意一起朝目標努力。這次的經驗，也是他日後工作的養分。

許多人都以為「社團」是用來「玩」的，是課餘玩耍、休閒、培養嗜好的地方，有些父母甚至認為參加社團是浪費時間。的確，有些人參加社團只是交朋友，不期待什麼，當然最後也沒什麼收穫。

但當我們進入職場，面試官想深入了解我們團隊合作、領導經驗時，可能會問：

「你曾經提出一個主張，然後在團隊中爭

取支持嗎？你面對質疑、挑戰、不同意見，你會如何整合、化解阻力？你能給予團隊成員動力、成就感和價值感嗎？你能思考、判斷所有關係人的期待，並規畫出讓各方認同的方案嗎？」

在社團中沾醬油、抱持聯誼心態的人，被問到這樣的問題，恐怕只能一再搖頭。但有意識挑選能培養、傳承、淬鍊領導技巧及團隊運作的社團人員，在職場面試時肯定有滔滔不絕的故事可說，在任職後也有深厚的經驗可以借用。

誰說社團只是玩玩而已？

18：邊做邊學，快速培養創業力

有一句話說「學生的本分是把書讀好」；而且「書」專指教科書，不是指漫畫書或是人物傳記，「讀好」意味著「分數高、名次好」。在我們的經驗中，這句話適用範圍是從小學到大學，甚至研究所。所謂「把書讀好」，還是今日「學生本分」嗎？還是唯一正確的學習方法嗎？

兩年多前認識一個台北大學的學生，當時他自願接受我的採訪，內容是談高中學習經驗。不久前又遇到他，聽到他要畢業了，就邀他吃飯聊天。我還以為當天談論內容，會是關於申請研究所的甘苦談，或是求職的困難或迷惘。結果，完．全．猜．錯。

這個年輕人叫做孫家梵。原來，在他大學期間就經歷三次創業，而且不是路邊擺攤做點小買賣的創業，而是打造新服務、新商品等級的創業。

我非常好奇、疑惑，將大把的時間用在創業上，他會不會放錯重點，大學學習是否會毫無所獲呢？在深談後發現，我真的白擔心了。

大學創業，知識現學現賣

孫家梵考大學時希望能到氣氛比較活潑的學校，但考試失常而進入台北大學，剛開始他感到迷惘，不習慣學校保守、沉悶的氣氛。他大一投入轉學考，但卻再次挫敗，這意味著他接下來的幾年都要留在北大。這時候，應該要改變自己遷就環境，還是開創自己的生活、改變周遭環境呢？

在大二時，孫家梵的父親企圖將自行研發的「InnovFusion 智慧型輸液系統」商品化並推向市場，其所組成的創業團隊，參加科技部主辦的「創新創業激勵計畫」。孫家梵因為大學讀經濟，高中也參加不少社團活動，父親就讓他負責團隊中的財務與行銷，參與團隊運作，帶著他參加各種創業活動，甚至向專業投資人簡報。

參加創業活動後，孫家梵在經濟系學的市場評估和產業研究一下子立體起來，別人從課本中讀財務會計、商業模式，孫家梵早就在現實中處理各種財務課題。

參與創業帶來的最大不同是心態。在學校，一直順從規則，聽老師的話，讀該讀的書，考該考的試，一切沒有改變及創造的空間，當自己覺得外在環境不理想，就只能忍受。但是，在創業群體中卻不是這樣，這群人相信：有缺乏就有機會，有難關總能突破，與其坐著抱怨，不如起身行動。這樣的文化與氛圍，深深影響了孫家梵。

孫家梵發現，許多大學都設立育成中心、

開立創業相關學程，提供豐富的創業資源，台北大學卻只有少數師生意識到「創業」的重要性，改變緩慢。於是，孫家梵主動向校方提議，在學校舉辦「創新創業展 InnovExpo」，邀請創業有成的校友，將經驗分享、傳承給學弟妹，為北大校園注入不一樣的氣氛。他的建議被接受了，也成為這個大型活動的主辦人。

當時，孫家梵邀請了幾個同伴扛下這個活動的整體籌備。這是他第一次自己發起、執行，從無到有完成一個大型活動，後來校方、教授、學生社團也開始討論、關注創業議題，雖過程中吃盡苦頭，但他證明自己可以完成一件艱難的事，他能改變和影響一些事情。面對人生，他能主動開創，不必消極等待。

了解需求是創業進步的驅動力

孫家梵的第一個創業是「北大團購」，他的說法是：團購為「最初始的創業行為」。一開始，他只是想做一個電子登記平台，讓班代購買課本的流程更簡易。後來，這個平台開始跨科系發展，代購商品也跨出課本外，成為北大校內發起各種商品團購的平台，只要有人想發起團購，從乾燥箱到節日卡片預購，都可以利用這個平台登記購買。孫家梵的平台負責整合需求、收錢，並向供應商爭取折扣，讓學生們更容易「共享好物」。

這個「最初始的創業」，麻雀雖小但五臟俱全，具備一切經營的商業模式。孫家梵有兩位共同發起人，並有大約十位同學幫忙協助。他們要打造品牌、經營團隊、經營顧客關係、決定營業範圍、處理金流及物流，以及承擔風險。

但這個初階創業，卻讓孫家梵學到血淚的教訓。一次，有位同學在「北大團購」平台上的團購項目被詐騙，連累其他參與團購的同學。後來全力和廠商斡旋，尋求法律協助，最後爭取到「退貨賠款」。然而，對平台的傷害已經造成，許多使用者不滿，「北大團購」被同學罵翻天，用孫家梵的說法是：「被輪姦了。」

這事件後，孫家梵警覺到當時的團購機制雖然充分反應社群中的需求，但提案者對於產品的了解程度不易掌控，而且提案者不必用真實身分發起團購，更容易輕忽產品的品質。

於是他決定，日後「北大團購」平台上，團購發起人必須用真實身分登記，並負責調查供應商信用，保證商品品質。後來，孫家梵進一步成立一個針對大學生的跨校團購網站。「北大團購」所累積的經驗、對大學生購物行為的理解，當然是最重要的基礎。

從經營「北大團購」開始，孫家梵開始學習一個重要的功課：觀察顧客。

他會找機會觀察開團購的同學，如何使用團購的界面、遇到哪些困難，透過觀察使用者，他會發現那些設計不直觀、需要改善或加以說明的地方。每當他在校園中，聽到同學談到北大團購，他也會豎起耳朵聽，從中了解同學們的觀感與使用經驗，尤其當他們在抱怨、說到使用的困難時，都是孫家梵發現改進的方向。

最讓他感到高興的是，他偷聽到同學拿到團購好物時的喜悅，或是把好東西分享給同學們的經驗。他發現，創業最大的原動力是解決社會的問題，帶給人們幸福。

在大學的最後一年，孫家梵開始第三次創業旅程，他做個穿戴式的生理訊號量測裝置，主要應用在呼吸治療方面。他和我這樣說：

「在近兩、三年，好幾個領域的科技發生重要突破，電池、感測器、信號傳輸，都在快速進步中，於是我開始研究這些領域。每個領域都深不見底！我投入大量時間，也接觸不少臨床專家，終於在半年前開始找工程師團隊，動手設計產品。」

孫家梵知道做產品，最好的老師其實是顧客，即使面對科技產品。他現在到大學操場跑步運動時，總會觀察身旁的人配戴什麼樣的裝置，是否戴耳機，是藍牙還是有線？會不會用臂帶？用什麼姿勢和速度跑步，和他們的配件有什麼關係……。當他發現無法解答或想要深入了解的問題，甚至會攔下陌生人仔細詢問。

創業者的延伸學習

身為創業者，孫家梵知道自己是產品的最佳代言人，或者，他本身就代表著品牌。他說：「身為創業者，責任不只做產品，還要做任何有助產品的事。」所以，他花了很多時間讓自己成為「鑽最深的那個人」，但他不是在網路科技或程式能力上鑽最深，而是在「人—物—人」的互連上理解得最深。

大約一年前開始，他進行「目標日誌」：寫下自己想要擁有的能力、特質、技能，列出一個清單，並且定下計畫，為了達成這些目標他該做哪些事，反覆督促自己。我請他舉個例子。

「例如關於體能吧。我之前不太運動，也比現在胖很多。如果我只是個拿薪水的上班族，胖也無妨，但如果我做健康相關產品，我怎麼能一副不健康的樣子呢？所以我把這項列為重要目標，把心肺功能、柔軟度、肌耐力、爆發力……都列出目標值，設定運動計畫，漸漸達成目標。

又例如溝通吧，我的清單上不只有語言學習，還有問話技巧、餐桌禮儀，以及與異文化群體的對話能力等。」

「我這三年花許多時間在創業上，我逐漸明白為什麼有些連續創業家，他在不同的產業領域都能成功。那是因為創業依賴一系列方法和技能，當創業家的思維和心態都對了，他會知道如何調整，用什麼方式提高勝率。創業最重要的不是產品，而是人。

這三次創業經驗，讓我知道如何選擇自己的學習方式；或許比較辛苦，或是風險比較高，但這樣讓我覺得活著有存在價值。」

這是孫家梵幾年來的體會。成為創業家，不是上課能學到的，須要在實戰和實作中摸索出來。

和孫家梵聊天前，我以為剛畢業的他，現在應該正愁找工作，或事業方向的徬徨……。原來我錯了，他現在每天想的問題，已經是大環境走向、事業團隊經營……。他許多的觀察與見解，如同出自一個四十歲以上的商社高階主管，我卻從一個大學剛畢業的年輕人口中聽到，其實充滿了違和感，但是我也替他充滿慶幸，慶幸他的大學一點也沒有白過。

也許有人會想：心態、領導、創業這些「軟性」能力，可以在教室外頭學到，但是，有技術含量的硬能力，在教室外能學習嗎？能學得好嗎？以前，我們都認為「先好好專心學習，學完再工作」。現在我們發現，學習哪有「完結」的一天呢？原來，邊做邊學，才是快速衝刺之道。

19：實力，遲早成為你的證書

只有高中畢業學歷，可以在國立大學電機資訊學院擔任正式教師嗎？怎麼辦到的？

台灣近十年來博士人數飽和，留洋海歸加上本地培育的博士，人數遠遠高於大學對於新教職員的人數需求。因此，別說碩士極少能進入大學任教，據說，世界最頂尖大學的博士，做過博士後研究，帶著論文發表成績，回台灣找教職，都不見得擠得進國立大學窄門。大學肄業生，不可能吧？

如果有人做到了，他會是什麼樣的人？

如果說是大財團老總，退休後到商管學院分享人生經驗，也許有機會。但引起我好奇的宅色夫（黃敬群先生，在網路界的名號是jserv，常被稱為宅色夫），他現在才三十五歲，擔任成功大學資訊工程系的業界教師已經三年，這可不是耍耍嘴皮子就能混的地方。在台灣，這不只是少見，可能是孤例。

沒有讀完大學，沒讀研究所，宅色夫是如何達到國立大學教師的專業水準，讓資工學術界、實務界同時心服口服？宅色夫帶來了什麼樣的教學內容，讓成大不惜為之破例？我帶著這兩個問題，到成大請教宅色夫。

我們約在成功大學的成功校區見面，這裡也是宅色夫十幾年前讀書的地方。那天非常溼熱，我走得渾身是汗。

我們從宅色夫大學休學開始說起。宅色夫父親的工作和電腦系統有關，從小家裡就有電腦主機與各種程式設計的書籍，因而自學軟體開發，上大學後就開始接案賺錢，在本世紀初網路泡沫化之前，賺錢還十分容易。

一九九九年前後，恰逢美國第一波網路榮景的末期，台灣許多投資人想跟上風潮。於是，有人找上當時無心學業的宅色夫合作網路事業，對方出錢，宅色夫提供知識、技術，扮演「電腦神童」的形象。

不幸，當時的事業沒有成功，公司慘賠，這個挫折讓宅色夫深受打擊。他決定先休學當兵，想清楚自己該怎麼辦。宅色夫說：「當兵期間的深思讓我決定提早開始工作，做一個可規模化的事業，償還之前創業的損耗。」

退伍後，宅色夫進入一家小公司，從產品設計、商業管理學習到經營一條產品線。後來，加入台灣當時最大的手機代工設計公司，宅色夫印象深刻：「全公司三百人，我是唯一沒有大學學歷的工程師。部門助理畢業於政大哲學系，連總機小姐也是國立大學畢業……。」

那時候懂 Linux 系統開發的高手不多，加上宅色夫認命願意付出，在圈內人士的介紹下，工作位階和薪水不斷上升。到了三十歲出頭，已經在聯發科、工研院、台達電等知名公司與機構，擔任技術顧問的角色。

「等等，等等……可不可以請你詳細說明一下，你是怎麼在沒上課、沒學位的情況下變成專家的？是天分？」

工作中鑽研基本功

宅色夫先和我說了結論：「因為沒在學校學習，就更要把那些學校教的東西，學得更深、更精。不僅實作部分，理論也得學。」

話說從頭，宅色夫堅稱自己不是天才。他上大學時靠自學培養實作能力，不是從娘胎帶出來，而是大量扎實學習奠定的。

宅色夫從國小開始寫程式，看完家中的程式書籍後，開始自己找學習的管道，他三不五時用考試得到的獎學金，從苗栗家鄉到台北看展、買書、買軟體，參加軟體公司的研討會、發布會、推廣活動。因為當時電動軟體很貴，宅色夫還寫遊戲軟體給自己玩。

大學創業失敗後，宅色夫遁入軍旅，在出操之餘，他的時間大多用在讀書：「把電腦科學沒學好的基礎科目，拿到軍中念，每天規律生活，扎實重新學習。教科書讀完了，就把教科書引註的參考資料都找出來研究一次，這個苦功可以做很久，在投資時間的取捨過程中，最後就會發現自己要集中心力，深耕少數幾個專長領域。」

這只是個開始。

在資訊科技領域掙飯吃，宅色夫既沒有學歷墊腳，又沒有師承關係當靠山。每一次找工作，都需要有業界朋友看懂他的能力，為他掛保證，爭取機會直接跟公司高層見面，宅色夫必須在對方沒文憑參考的情況下，靠深入的知識和實戰能力讓對方折服與信任。

有幾次，宅色夫負責的專案在成果審查的時候，被評審委員質問、挑戰，當時宅色夫發現自己懂得不夠完整扎實，就重新學習，地毯式把這個領域再研究一次。因為他知道，他沒有關係和證書可以依靠，他能靠的只有自己的實力。

宅色夫工作的歷程，是一次又一次的衝刺學習。

在工作外，宅色夫也活躍於國內外的開放原始碼軟體社群（以下簡稱開源社群），他常常寫一些程式，然後公開原始碼給全世界的程式員使用。尤其，他在Android系統上的貢獻，可能嘉惠了全球十幾億人。他告訴我：在開源社群中貢獻和交流，是最有效的學習方式之一。

學習，業界與學界孰優孰劣？

宅色夫在高中時，著手開始研究 Linux 核心。因為在 Linux 開源社群中，每個人寫的程式都是大系統的一部分，所以參與者間常為了實作需求，互相討論與建議。

「我曾在軟體開發過程中，有個烏克蘭人和我討論技術問題，給我建議和補充許多想法，後來我從 LinkedIn 查到，原來他是個數學家、大學教授。」宅色夫說：「在這個社群中，常會遇到課本提到、寫著名論文的專家，甚至他們的老師，我有機會和他們討論，他們會指出我的不足，看他們面對真實問題時的思維，可以獲得非常大的啟發。」

二〇一二年，成大蘇文鈺教授大力邀請，以及學界、業界前輩全力推薦和支持下，克服各種制度上的困難限制，宅色夫回成大資訊系擔任正式教師。

他開的課不是一味追逐市場趨勢，而是幾門深刻影響電腦科學的核心課程，如嵌入式系統、作業系統、編譯器等，他用實務的觀點，讓上課內容立體鮮活。他也帶學生們「賞析」彼此的作業、作品，練習思考問題，分析問題，以及比較多種方法間的優劣。

最後，我和宅色夫討論一個問題：「到底校園內與產業界，哪一個地方是學習知識技能比較好的地方？」

「其實沒有孰優孰劣。在產業界，可以近距離觀察各種變化、實際需求、現實情境，會比較有方向感，」宅色夫說：「但在校園內，相對容易心無旁騖鑽研學問。」在他堆滿書籍的研究室裡，宅色夫正在重讀電學，鑽研「中學就教過」的基礎數學原理。他同時也在業界當顧問，不斷和工程師交流最前緣、他也不知道答案的技術問題。

這一趟訪談後，我的疑惑解答了：學習沒有必然的場所，但有必經的道路。原來，大學沒有畢業的宅色夫後來之所以受聘回大學教書，是因為他在學校外，把學校教的東西學得比別人更精深、更扎實、更認真。

宅色夫從入行到現在，一直和業界保持密切的互動，所以他知道業界看人才的方式，不必絕對頂尖，他們找的是優秀而適用。他說：「以成大資訊系的學生，畢業時進入一流企業，得到年薪百萬的待遇其實不難，但要有方法，不要亂槍打鳥，要及早鎖定公司，針對性的學習技能。」

經過他輔導點撥的大學畢業生，每年約有二十人年薪百萬（雖然宅色夫說講這個沒太大意義）。另有一位學生，做出物聯網裝置的作業系統，一間美國新創公司本來要買，最後交涉的結果是，學生不收錢，但成為該公司的合作伙伴之一。宅色夫強調：「『好東西不怕沒人用』，只要有才能，軟體社群或企業都會看得出來。」

20：網路讓學習更自由

學校體系，在可預見的未來不會變更好。

但是，不夠好的學校體系，對我們的影響愈來愈小，因為我們的學習管道不只有學校。學校外，網路上的學習管道，正以極快的速度形成，愈來愈方便、豐富、可靠。

學校不好，網路的資源可以幫助彌補，有些人甚至直接跳出學校。他們看到：「如果網路上的教育資源，能讓我在十八歲就有超過大學畢業的水準。我何必讀大學，對我有什麼影響？」

一條網路線，讓你的學習自由!?

電玩小孩，自學變程式高手

在去年暑假，我在一個程式教學的場合認識了廖爸和他的孩子 Adrian，一個十四歲的少年，升國三的年紀，看起來純真可愛，我本來以為他才五年級，後來發現不能小看這個孩子，原來他已經是教學助教，他在場的主要功能是指導那些高中年紀的學員。

這是異常，是天才，或者這可能是未來教育的正常狀態？在我訪問廖爸和 Adrian 時，這個問題不斷出現在腦中。

其實，Adrian 開始認真學電腦的時間並不長，他從小也是玩遊戲、上網、應用程式，一直到小六。

小學畢業那一年暑假，廖爸幫 Adrian 報名一個程式研習營。這個創新的程式研習營，使用麻省理工學院開發的 Scratch 視覺化的程式軟體，教學生程式語言的基礎概念。

這是所有改變的開始。

這可不是玩玩而已，Adrian 竟然在課程的期末作業，用這個軟體做了一個類似超級瑪莉的遊戲：一個人偶可以跑、可以跳躍避開陷阱，最後升級破關。

另一個成果是，寫一個平面幾何的程式。我們都知道 Y=aX+b 這個式子，可以在平面座標系上畫成一條直線。Adrian 寫了一個程式：在輸入 a 值和 b 值後，由電腦畫出直線；或是拉動直線，自動算出 a 值和 b 值。

Adrian 玩出了興趣，於是國一後繼續參加研習營，老師教學生們使用「Udacity」這個網站，讓學生們自修「電腦概論」這門課。這門課的影片有中文字幕，但內容卻非常難，比一般資工系大一教得還深，最後的期末專案也不是開玩笑：做搜尋引擎，並且將搜尋結果排序。

這門課挑戰很大，因為要使用非圖像化的程式語言，而且自修線上課程，沒有老師在旁邊盯進度、逐級解說。即使這樣，Adrian 還是花了三個月上完。他平日大約看一小時的課程，週末三～五小時。

完成「電腦概論」後，Adrian就不繼續跟老師上課，他開始自學程式課程。

他開始自己在Udacity網站上逛街、找課來上。他為自己選了「網頁程式」這門課，花兩個月上完。這門課在學習上又更難一級，因為沒有中文字幕，只有英文字幕，但也因為這樣，Adrian的英文程度突飛猛進。

接著，Adrian又上了「程式語言」，這門課其實在解釋一個很抽象困難的運作原理：人寫的程式語言如何編譯成機器運作的電子指令。

在修這些課的時候，Adrian常常早上五點自己起床看影片上課，直到必須去學校上學，等晚上放學回家，做完功課後再繼續上課，一直學到晚上睡覺前。這門課雖然作業不多，但是內容卻非常難，在一般大學資工系是開在大學三年級的程度。

在國一升國二的暑假，Adrian自己說這是一個「瘋狂砍課」的階段。這兩個月中，他選了「網路遊戲開發」、「立體圖像」，這兩門課各花了大約三周。國二之後繼續修了「機器人與人工智能」、「電腦程式設計」，這些都是一般大學資工系大三以上的課程。

例如，「立體圖像」這個課程結束後，Adrian做了一個魔術方塊的專案：先用亂數產生一個魔術方塊，用程式算出解方，然後用３Ｄ立體圖像展示解魔術方塊的過程。

網路程式課程，品質驚人

我愈聽愈驚訝，我們總以為青少年只愛打電動。但其實，一個國中年紀的孩子，只要有合適的教材、合適的引導向，完全可以自動自發學習程式，沒人強迫，沒有考試。

到目前為止，Adrian 已經在 Udacity 拿了七張修課認證，都是最優異的等第。在了解他的學習經驗後，我非常好奇問 Adrian 和廖爸：這是意外，或只是我們還不習慣的常態？

面對我的問題，Adrian 認為這不是意外，也不是他有多特別，他認為，無論 Scratch 或是 Udacity，他們都掌握課程編排的藝術，學生被吸引、進入門檻低、學習有效率，這是課程精心設計的結果。

在 Udacity 上，大課程被切成兩分鐘到五分鐘的片段，每個片段講解一個重要的觀念，之後接著一個小測驗，懂了一個觀念、做完了一個小測驗，就再往前進一步，就像電動遊戲破關，讓學員非常有成就感。Adrian 的原話是說：「當課程編排得好，一步步學習會讓人有『莫名的爽感』；學習一點都不覺得難受、壓迫，看到喜歡的課就會想鑽下去學。」

雖然 Adrian 年紀尚小，他卻已經極了解這些課程的價值。他說：這些課深入淺出，解說世界上最前緣的科技發展趨勢，讓人深受震憾。

舉例來說，「機器人與人工智能」這門課是 Google 智能車計畫的主導者：賽巴斯汀．史朗（Sebastian Thrun）親自規劃與授課，其實他在卡內基．美隆大學、史丹佛大學，都開授過這門課。他能將這個領域最核心、最精華的內容，用最淺顯的方式說明解釋。在我們聊天的時候，Adrian 好幾次用「經典」、「世界級」這些詞來描述他修過的課。

國三下開始，Adrian 已經和兩位業界高手創業了。雖然大部分時間花在開發軟體系統和參加研討會，但他還是經常練鋼琴、讀書，學校考試只要在考前用心把課本讀過一、兩次，考試大致都及格。因此，他還是能拿到國中畢業證書。但是，要不要高中畢業證書、大學畢業證書，實際上廖爸和 Adrian 現在還沒有定見。

我問廖爸：「依您在資訊業多年工作的經驗，Adrian 的實際能力，和一般資工系畢業生比，比較強或比較弱？」

廖爸這樣回答我：「這要分兩方面來說。第一方面，資工系學生會修許多理論課：離散數學、演算法等。使用某些技術時，確實要用到高深的數學，所以日後也許需要補。至少，當他日後要學的時候，他會知道為什麼要學，以及如何運用。

但在另一方面，在一般業界所需的軟體、程式實作能力，Adrian 的能力可能是一般大學資工畢業生再工作一、兩年後才能達到的水準。事實上，那些理論性的能力和知識，在一般的企業中其實很少用到。也就是說，Adrian 現在要到業界找份寫程式的工作，已經是沒問題。」

想也有道理。如果要以電腦、資訊為專業，Adrian 現在的實作能力已經勝過大學畢業生，在未來三年要補齊理論和數學基礎也不見得難，因為網路上、書籍上都有，而且他有強大的學習能力與意願。

21：線上課程讓均一教育化為可能

在二〇一二年，美國線上課程平台「可汗學院」率先運用網路進行中小學生的課程教學，引起全球的迴響。此時「翻轉教育」這個詞在台灣傳播開來：錄製免費的線上影音課程讓學生在課前觀看，上課時間可以從聽講變成討論，有助弭平城鄉教學資源的落差，並且有深化與提升學習成效。

當時，台灣一些有心人也想做個台灣版本的「可汗學院」，做為翻轉教育的基石。於是這些有心人出錢出力，成立一個基金會，製作適應台灣在地需求的線上教材，這就是「均一教育平台」創立的初衷。（關於均一教育平台的故事，詳情可見執行長呂冠緯的著作《在白天做夢的人》）

冠緯調出數據給我看。在二〇一三年十月，也就是均一平台成立滿一年時，註冊人數八千，每週實際使用人數為五千人。成立滿兩年時，註冊人數一舉突破十萬，每週使用人數為四萬。在二〇一五年十月，平台成立滿三年，註冊人數達二十七萬，每週使用人數為六萬。

均一教育平台經營至今，已經準備了超過七千八百支教學影片，涵蓋國小到大一的數學，以及國高中的生物、物理、化學等課程，是全台灣內容最完整的課程平台。如果在台灣有老師要投入翻轉教育，均一教育平台就是他最方便、最可靠的教學素材。

在台東市郊某個小學四年級引入了均一的教材，第二學期，一位很木訥、不起眼的孩子，數學突然開竅了。從均一的系統上可以看到，這個孩子在短時間內不斷點選觀念愈來愈深的課程，不斷通過測驗。現在他才六年級上學期，卻已經學到國二數學。有趣的是，也許因為他成為班上小老師，刺激許多同學開始快速學習，趕上他們年齡的數學程度，甚至超越。

田野調查結果，實行成效良好

呂冠緯今年暑假到宜蘭某個小學做補救教學，課程從七月三十日開始，在頭一個星期，一部分小朋友隨著進度在學習，但有一個小朋友一直沒有跟上。原來，這個孩子更基礎的觀念沒學好，但從他第一個星期看線上影片，補足過去沒學會的算數技能後，他立刻開始急起直追，一個星期內學習了五十幾個技能，後來居上。

在台東縣的桃園國小，有個小朋友可能有些過動傾向，過去老師上課時不斷管束他坐定聽講，在這種情況下他卻完全無法學習。當學校開始使用均一的線上影片教學，這個小朋友就躺在地上看影片，學習結果竟然突飛猛進。

一般的測驗題難不倒他，他還能出應用題考同學，顯示他已經更深入了解這些單元，到了能反思應用的水準。

不僅偏鄉的學生從中受益，都會區菁英學校也可以。孫譽真老師在北一女任教生物科，她給學生出的回家作業就是用影片預習課程內容，因為影片中的授課不必管秩序、聰明的學生可以調快速度，聽一次不懂，又可重複聽，所以比老師講課省時、有效得多。正式上課時，老師用設計好的學習單讓同學討論、組織觀念，釐清知識，老師不講課，就周遊列國解答問題，把同學一起學習的互動價值發揮到最大。

孫譽真和使用線上課程的人都發現，這套資源既可扶弱又可拔尖，學得快的就可以不斷衝刺，學得慢的，影片一直在線上等他。

22：免費奉上的頂尖大學課程

近年來，各大學興起一陣風氣，將課堂錄影上傳網路，供有學習願意的人閱覽觀看。

清大開放式課程，目前包括六十五門課，跨工程、自然、人社等領域。其中，大推物理學家林秀豪老師的課程，他不但是世界級的學者，而且講課親切、深刻、精采。他前後提供清大開放七門課。

台大開放課程比起清大，無論質或量又更勝一籌。台大公開了一百六十四門課，幾乎包括台大內所有領域的學科，從極基礎通識（自然科學概論、義大利文、法文），到相對較精深的課目（狹意相對論）。

我對於台大的教授相對熟悉，看到台大開放式課程的授課陣容時，其實嚇了一跳，跟本是精銳盡出。在課程中隨處可見台大第一流教師與外部講者，招牌教師的招牌課程，極富誠意。例如：司馬中原（等）講授台灣當代小說，傳佩榮講授宗教哲學，白先勇講授紅樓夢導讀、崑曲新美學，陳竹亭等老師講授化學鍵，齊邦媛等教授講授臺灣文學在台大……。

上述大學的公開課程，雖然誠意十足，但還有美中不足之處：影片都是講課錄影檔，沒有太多的製作、設計、後製，所以節奏步調偏慢，而且這些大師不見得都擅於演講，對需要被取悅的觀眾來說有些單調，但是對於很有動力的學習者而言，則是藏寶庫了。

網路上的講課錄影，只是「線上課程」的一部分，並不是完整課程。完整的課程需要包括演練、發問和討論、學習成果評量認證，這些也是實體課堂與學校的長處，現在，有線上課程也達得到。

Adrian 用的 Udacity 是由 Google、Facebook、America on Line 等美國一線企業合作推出的程式學習平台，這些國際頂尖企業已經承認平台的修課認證，其他頂尖的軟體人、軟體公司難道會漠視嗎？

如果說 Udacity 已經接近網路上的資訊工程系，Coursera 可謂網路上的綜合大學。就在我寫作此刻，一百一十六所世界聞名的大學在 Coursera 平台上開設九百八十門課程，並且有將近一千兩百萬名學生修課！其中包括我，我也申請修習了一門「正向心理學」，是由北卡州大開設的課程。

課程不但有影片（每段十～二十分鐘，符合閱聽專注時間上限），還有作業及討論群組，可以和全世界的好學者討論交流，在我寫這本書時已經有三百〇七頁討論面，六千則問答與討論。

無論是 Coursera 或是 Udacity，學生每完成一個課程，就會得到「微文憑」，效力由這些學校直接背書。

除了可以在線上修課，現在透過網路修學位也日益普遍，連素負盛名的大學也提供網路學位，例如西北大學商學院推出的整合行銷傳播碩士學位，其認證文憑等同一般生。這類學位將愈來愈多，但成本低、效益高。

網路讓教育無貴賤

確實，富裕的家庭多能把兒女送進好學校，教改不教改都一樣。以台大為例：近三成台大學生父親是公務員，約五成是企業界的中高白領階級；但來自勞工、農民家庭的台大學生不到一成。就地理位置來說，台大學生有五成以上是台北人，每十一人中，一人來自全國均收入最高的大安區。其他幾間公立頂尖大學、精英中學，情況都差不多。

連最好的大學、明星中學，都沒有提供優質的教育，我們怎麼辦？小康、中產，甚至貧困家庭的子弟，應該要絕望嗎？不。

這時代是我們的黃金時代，網路上的教育資源，現在已經極端完備、優質，不但「海量」，還在高速累積成長。使用這些資源，沒有名額限制，沒有資格門檻，成本花費極低。

23：找方向前請做功課！

「有些人覺得台灣年輕人不夠努力、太安逸懶散，所以這一代在世界上缺乏競爭力，你覺得是這樣的嗎？」我發問。

「其實，台灣年輕人的努力認真一點也沒有比別人少。但很可惜的是，年輕人常常還沒搞清楚該用什麼方式努力、朝什麼方向努力，就跟隨各種誤解、臆測、成見，付出大量心力與時間，到最後發現努力無效，或是跑錯方向，那才是更嚴重的問題。」

什麼樣的誤解、臆測、成見？可否舉個例子？

Rosa 回答：「台灣許多父母都以為孩子投入時間在運動競賽，會荒廢課業、浪費時間。你知道嗎，在歐美一流企業的徵才思維裡，學生時代有運動社團的經驗，其實非常重要！」

認清工作現實，才能精準預備

鄭端儀，我們都叫她 Rosa，雖然年紀還很輕，但已經先後任職於跨國管顧（貝恩）、投資銀行（摩根史坦利）、台灣科技業（做到大中華區域總監），在三十歲前做到包含獎金年收入破千萬，在國內外累積豐富的工作經驗。為了回饋那些幫助過她的人，她近五年投入大量的心力，協助台灣青年規畫職涯、建備各項工作上的能力，走向國際。

「台灣人都難以想像，如果要在歐美的企業覓職，甚至只是和客戶、供應商簽個合約，對方都很可能會問及你的運動愛好。歐美非常看重運動員，也喜歡找熱愛運動的人一起共事。」Rosa 看我仍然不解，於是繼續解釋。

原來，歐美公司喜歡找愛運動員工，因為熱衷運動的人常有各種優良的特質：重視團隊合作、有榮譽感、有紀律與毅力。歐美的銀行希望員工熱愛運動，因為這樣的人健康情況良好，而且反應快速。歐美大公司找業務代表也重視運動，因為愛運動的人樂於接受挑戰，習慣面對失敗，面對壓力，而且在難以預測的變化中快速反應。

Rosa 從小學習跆拳道，參加過多次世界大賽得到獎項，她在工作後才發現，原來運動競賽的經驗對她的職涯有意想不到的幫助！不知道這件事的台灣年輕人，在青少年時全力以赴拚成績、拚升學、拚研究，缺乏體育經歷，在世界職場上就弱了一截。

即使在台灣本地找工作，Rosa 也看到許多年輕人因為誤解而吃虧的例子。

例如，投資銀行研究部門徵人，薪水開得很高，往往會吸引一大批優秀年輕人來應徵，一個個都有豐富的領導經驗、主持活動與籌辦專案的記錄。但是這樣的職位，需要的是細心、耐心、踏踏實實、按部就班，可以認真把每張報表，每個欄位數字做對的人。許多優秀的人才因此挫折碰壁。如果錄取了幾個特質不合適的人，他們過一、兩年也可能感覺「不受重視」、「工作無聊」、「沒發揮的舞台」而離職，公司訓練的成本付諸東流。

在 Rosa 眼中，「走到哪都適用的優秀」這回事並不存在，年輕人本身的特質、願望，和他們找的工作缺乏適配，才是一個重大的問題。

為了要搶先到終點，許多人都在努力狂奔，但請先看清方向，免得跑到死都到不了希望到達的終點。

24：學子眼中的「業界」，研究有方法

讀大學時，我不讀商管書籍，覺得那些書籍是鼓吹貪婪，拍企業家的馬屁。大約三年前開始，我為了研究教育和產業的關係，開始讀商管書籍，並且蒐集了近四年約四百本各種商業類雜誌，尋找我所需要的素材。

半年來的閱讀經驗，頗令我意外。讓我覺得有料、有益、有啟發性的書刊與報導，比我想像得多。

台灣的年輕人抱怨職場底薪、高壓、工時長、不重視年輕人…。但是，也許並不是每一個企業都是這樣。台灣雖然不大，大大小小的企業、公私營組織多不勝數，在不同的產業與經營模式下，不是每一家的利潤都薄如蟬翼；各有不同的制度與文化，並非每一間公司都同樣高壓、階層、守舊、顢頇。

女生選定老公前，身旁也有男性朋友，看

順眼的可以嘗試交往，缺對象的可以相親、聯誼。但是，認識企業就比較難！該怎麼多了解企業，做出好的就業判斷呢？

首先，在進入職場前，最好能把對企業的眼界打開，甚至發現其中的潛力股。

在台灣，許多人愛搶「知名企業」，算來算去就那些外資企業，或是幾間最大的資通訊半導體公司。這些企業有些有晉升天花板，有些已經在走下坡，加班時間愈來愈長，利潤卻愈來愈薄，但這些公司門外永遠有新人排隊，獻上他們新鮮的肝。

只想追女神的男孩，被當成駝獸或工具人，只是剛好而已。然而，茫茫人海中，有些男女並不醒目亮眼，卻有非常好的性格與品質，是託付終身的良伴。在找企業也一樣：眼光很重要。

雲林縣斗六市鄉間的巧新公司，就不是一般大學畢業生會知道的公司，但是它卻在專業領域：頂級汽車輪圈鍛造，享有世界級的名聲。這間公司做出來的輪圈，和一般同業相比，重量減少一半、強度高五倍，在零度到四十度的熱漲冷縮達到業界最小公差。這些技術優勢，讓它生產的商品，價格比普通輪圈高兩百倍。巧新公司已經到了不必求顧客，而是挑顧客的地步，現在只接第一線車廠的最高價商品，每年平均推掉三〇%的訂單。

有一些企業，你不會常常聽到它的名字，但是行家會知道，某些企業在它的產業內獨占鰲頭，這類的企業，近來被叫做「隱形冠軍」。例如：溢泰實業成為全球第一大濾芯製造廠，勝利是全球前三大羽球品牌，薛長興工業成為全球第一大的潛水衣生產商已經很多年。進知名企業有它的風光，但是如果能在「隱形冠軍」裡工作，薪資不會少拿，可能學得更多。

即使是隱形冠軍，偶爾也會被目光銳利的行家發現，寫成報導文章或個案分析，登載在商業書刊中，完全公開，不必在業界打滾多年才打聽得到。只要閱讀商管雜誌，就會偶爾發現這些隱形冠軍，然後蒐集成為找工作的口袋名單。

這些公司開給大學或研究所畢業生的起薪是不是比較高？我不敢保證。但一個年輕人在工作前五年最該極力爭取的東西，並不是多那三、五千塊的薪水，而是取得發揮才智、獨當一面的機會，並且學會一套適合這個時代的工作方式，無論叫管理、風氣、文化。有沒有學到好的做事方式，將決定一個年輕人在三十歲時是否具備資格與能力成為領導者。

良禽擇良木，選擇前要看懂風氣

我遇過不少年輕人，工作中沒有學到主管積極經營的士氣，只學到辱罵威嚇；沒有學到提升效率，只學到沒有理由的加班；沒有學到分析決策，只學到檯面下的明槍暗箭。這樣的企業，無論給了多少薪水，都不是理想企業，對經歷加值也有限，沒學到領導與管理技能，對年輕人，就是莫大的虛耗和浪費。

現在年輕人找工作，只把注意力放在薪水高低，是因為不知道企業的運作模式、風氣文化，可以有多大的差別，在台灣，甚至在製造業中，都有很優秀的企業值得爭取。我們再來舉個例子：

戈爾公司（W. L. Gore & Associates）是一間全球性材料科技公司，專門生產防風、防水卻可以透氣的微細孔薄膜。這間公司連年有新專利發明，獲利表現長紅。在層出不窮的創造力下，戈爾公司不斷研發新材料，運用到航太、化學、電信、醫療、能源、半導體各種不同領域。在優秀的表現下，這間公司一點也不血汗。在二〇一三年，戈爾公司在跨國大企業中，全世界「最佳職場」排名第五名。

這是怎麼做到的？

戈爾公司的優勢，不是來自於某一個專利，而是內部風氣，一個有利於產生新想法的運作方式。在這個公司中每個人互稱「伙伴」（Associates），沒有階級高下，也沒有僵固的部門區隔。

在這間公司中，任何人都可以主動發起計畫，並且爭取其他伙伴的支持、加入、合作。因此，這間公司每個人都要培養自己成為領導者、發起者，每個人接任務都是基於內心的支持與認可。

在這樣的工作環境下，創意得到最高程度的發展，真正的才幹總能得到肯定。在這間公司所累積的團隊經驗，真的有益於日後成為一個領導者。更重要的是，這間公司在台灣其實有營運據點！

你之前可能沒聽過這間公司，但諷刺的是，這些資訊都不是機密，都在雜誌、書籍、網路上，光是網路上的報導就不只一篇。「早知道」其實買得到，而且一點也不貴，有時候還免費。

許多台灣年輕人明明一直抱怨企業的待遇、風氣、文化，卻在找工作前，不認真研究企業，哪些企業有技術的獨占性？哪些有先進的管理思維與方法？

良禽擇木，不會只粗糙區分外商或台企，只看給薪或職銜；有眼光及自我期許的年輕人，當然會花心思找尋各產業中佼佼者，爭取成為其中一份子。

只要有心找，只要用正確角度，只要問正確的問題，就能找到一大堆資料，讓你應徵工作前，有比較好的準備與判斷。反之，矇著眼包著頭就衝進職場瞎闖，撞了滿頭包再來抱怨，不是很犯傻嗎？

25：讀商管書沒用？因為你沒有思辨！

怎樣和有成就的人學習「職場素養」？這個問題，我們也許可以和一位歷史教授請教。

台大歷史系有一位相當知名的呂世浩老師，他開設的「秦始皇」課程，成為世界名校共同經營線上課程平台Coursera上，第一門中文文史課程，一開課便引起巨大迴響，全世界選修人數超過四萬三千人。他也是TED×Taipei講壇中，最受歡迎的講者之一。

呂老師認為，古代知識分子讀歷史，最終不是為了累積知識，是用來學習「判斷推理」。建議讀歷史的時候，一邊讀，一邊把自己還原到歷史的時空場景中，了解主人翁的處境，每到一個重要關口，就把後面的情節先蓋住，詢問自己：如果是我，我會如何因應？會有什麼樣的判斷和行動？

想過一遍之後，再讀後來的情節，並且比較：我和故事主人翁的行動是否一樣？如果不同，各是為什麼？誰的方法比較好？

他的課程和演講，幫助許多人從中國古史中找到看待今日時局的智慧。

如果呂世浩老師的方法，可以將歷史轉化為今日的智慧，相似的方法其實同樣可以用在培養年輕人的「業界素養」。不知道你發現了嗎？

要了解古代的社會，有歷史典籍；要了解現代的產業環境，身旁有唾手可得的商管書刊，其中記錄著今日人物的成敗歷程、探討實際企業的興衰始末，預示了我們的生活與世界變化的方向。如果我們套用呂老師的密訣：不斷蓋住故事後半段，思考自己的判斷，與主人翁對照，不也是一個極好的思考訓練？

就拿一篇商管雜誌人物報導為例吧：〈Uniqlo 最年輕店長林孟柔！23歲台灣女生管3億大店〉。這篇簡單的故事，我們試著一段一段看，並且時時停下來思辨。

首先，林孟柔是清大畢業，經濟系、計量財務金融學系雙學位，但她畢業時，考慮進入優衣庫上班，父母都反對（也許是希望她去銀行）……。

好，停下。這是一個你我都可能遇到（過）的場景：該進入技術與知識門檻不高的服務業嗎？該依大學科系的「相關產業」為就業目標嗎？如果跳脫一般大學與科系對就業的慣常做法，有什麼好處或壞處？站在林孟柔決策的當口，我們會做什麼選擇呢？想好之後繼續看：

最後，她還是選擇了這個看似「大材小用」的工作。即使如此，她在進公司當最基層職員時，遇到了大量的困難：衣服摺得笨拙，所有基本細節都不清楚，因為疏忽讓顧客改錯衣服，全要由公司賠償。

好，停下。如果是你在這個處境，你會做什麼事情來突破困難？或者你會束手無策，辭職落跑？想好了嗎？看看林孟柔是怎麼做的：

- 要求自己每天問一位資深員工一個問題，把答案一一抄下。
- 下班後在上床睡覺前要摺五十次衣服。
- 勤問，多小的問題都問，小到表格寬度，和庫存量的預設值，什麼都問，不怕丟臉。
- 提出店鋪營運改善計畫，讓微風廣場站的顧客滿意度提升二十倍。

後來，林孟柔因為表現特別優異，快速升上店長後，再次遇到一連串困難：指正下屬時發生對立衝突、在面對長官和抱怨的顧客的時候，都有些手足無措。

再一次把下文蓋起來，要是你，怎麼辦？想好了，再看她無怎麼做：

- 改變對資深員工的對談，不用自己的權威施壓，轉向共同目標：如何讓顧客更滿意。
- 面對顧客抱怨，絕不引用公司規定推卸責任，而是站在對方立場為對方解決問題。
- 因應和上司有時溝通不良，更加重書面溝通的比重，並全文中日對翻。

以呂世浩老師的方法為基礎，我們可以將那些強者、勝者的招術與心法步步拆解，化為自己的資產。

許多人都開始討論，實習對現在年輕人的重要性。其實，廣泛閱讀商管書刊也極有利於了解業界實況，可以補充實習的不足。

透過實習，適著用幾個月的時間在一個點深入體會與觀察；閱讀商管書刊，卻可能在一年之間，透過數百個案例與人物，了解各領域、產業、企業、專業形態的概況。

我們能在實習中看到許多「一般人」工作的面貌，有助我們做務實的思考。商管書刊可以讓你看到特別優秀的人與企業工作的形態，有助我們「取法乎上」。如果我們將思辨心法用於研讀商管書刊，將能從那些優秀人物的經歷，學習因應、處事、判斷之道，並思考各產業未來的趨勢，以及自己的職業進展。

許多人愛讀歷史，但歷史記載的事件常是戰爭、國族之間對抗、君臣之間的心計……，這些事情，其實很難落在我們的身上。

反之，商管書刊中描述那些企業在商場中的競爭合作、主角與同事主管之間相處、產品設計開發的思維技巧……等我們日後進入職場，這些課題都會碰到，卻通常不會有人提點，大家都在一旁看你表現，判斷你的能耐。等這些課題發生了才琢磨思考，當然太晚了，只憑自己有限的經驗和直覺，效益顯然有限，聰明人知道，要閱讀商管書中的經驗，用思辨從中學習精華。

如果你怕日後低薪、被埋沒、遇到爛主管、爛公司，別遲疑，快展開你的商管思辨之旅吧。

26：成功在於問對問題找答案

「實習」絕不是找方向的第一步，更不是萬靈丹，產業、企業、職能有萬萬種，大學（就算加研究所）能做幾次實習？蒙著眼亂槍打鳥，很難找到最適合自己的實習單位。

根據輔導大量學弟妹留學與求職的經驗，Rosa 建議年輕人從大一、大二開始，就應該廣泛閱讀與蒐尋資料。只要發現自己稍有興趣的產業、企業、職能，就 google 關鍵字進行搜索，找名人的部落格、ＰＰＴ上的職場祕辛、商管雜誌的報導描述。

所有資料來源必然是片面的，都可能是個人經歷、主觀見解。「即使是商管雜誌，也有可能美化、誇大，或報喜不報憂。」Rosa 說，「所以，就應該針對你特別有興趣的方向，深入找資料，多方比對。」

當資料蒐集到一定程度，為了得到更適合的建議，Rosa 建議學生要「大膽發問」。

在Rosa大學畢業前，她知道自己對於管理顧問的工作很有興趣，同時也有教學熱忱，尤其希望將商管領域的真實案例，帶到教育體系中。於是她詢問台大國企系的李吉仁教授。李教授給她的建議是：要將企業界實際案例引入學術界，她可以直接進業界工作，經歷與眼光才會最真實、最貼近實務。她若有豐厚的業界經驗，將會是學術界推動案例教學的最佳伙伴。因為這個建議，Rosa先進入電子研究所讀碩士，放下出國讀博士的計畫。

研究所畢業前，Rosa又面臨選擇。她知道如果要在管理顧問領域工作，自己有兩條路。一條是直接進管理顧問公司，另一條路是先到某個產業（以她而言，就是半導體電子業）工作幾年，深入了解該產業後，轉進管理顧問公司，專門處理這個產業的顧問案。

Rosa又開始想辦法發問。因為認識不少學長姊在新竹科學園區的科技業工作，她藉此訪問了好幾位園區工程師，一年的、三年的、五年的、七年的、十年的……想要知道進入電子業能有多少成長，成長與投入的時間是否成正比，以及這個領域的生活與工作情境她是否喜歡。

她大學時就參加過麥肯錫顧問公司的實習計畫，所以也熟悉不少任職顧問業的前輩。在前輩的介紹，Rosa得到機會訪問一個擔任八年工程師，又進入麥肯錫，後來在企業任職高階主管的學長，從他那邊得到許多寶貴的意見。

回想這個歷程，Rosa從中受到極大的幫助。除了前輩的具體建議外，和資深學長姊的接觸機會，促使她提早鍛鍊自己的成熟度。在他們努力幫助下，她有了努力的動力。

當這一切功課做足，Rosa才慎重下決定，她要直接加入管理顧問公司。歷經幾次轉職，在台灣與海外都工作過，資歷和經驗在同齡中是驚人的豐富而完整。同時，也為她這幾年開始回到教育界，打下最厚實的基礎。

廣蒐資料，多請教職場前輩

「許多年輕人可能會怕：我太年輕、我不認識對方、對方很忙我會不會太打擾？」Rosa說「當年，這些聲音都有在我心裡出現。」

「事實上，根本不需要這麼擔心。在歐美的職場生活中，撥出十分鐘、二十分鐘的咖啡談話時間（coffee chat）是非常正常的，大多數學長姊面對願意請教的學生，只要有基礎的禮節、有做功課，不至於問出廢話，學長姊都會願意幫忙。」

Rosa說，類似這樣的交流互動，在歐美是常態，在台灣，因為這樣做的學生還很少，所以未形成風氣。大部分的學生不斷努力，常常流於閉門造車。

最好的做法是：先廣泛的資料蒐集，再詢問有經驗的前輩，如果已經八成確定，就要開始針對這個產業累積知識與優勢，爭取實習，最後以正職身分進入業界。不做功課與準備，就直接投入某個領域的職場中，或是爭取實習，盲目爭取「優秀」，都是容易事倍功半、事後後悔。

Rosa建議大學生：「從大學開始，就可以開始找那些大自己三歲、五歲、十歲、二十歲的人當指導者（mentor），他們會給你不同人生階段的見解，不同職涯路徑的經驗，這些人的選擇你不必模仿照抄，但一定能讓你快速縮短學習曲線，幫助你思考人生的重要決定。」

這些事情時間到，就會發生在你我身上。

等它發生了再來琢磨思考，當然太晚了。

27：學會在旅行中學習

許多台灣人為了培養「世界觀」，從小參加各種遊學團、常常出國觀光，每次都是二、三十萬在花。

如果觀察這些出國想「長世界觀」的行程，住的是高檔飯店，去哪裡都有安排好的巴士接送，參訪的地方是博物館或是景點，吃的仍然是觀光客大餐，接觸的人就只是親友、老師、同學，講的還是中文（頂多加英語）。我不禁疑問：花錢不見得能消災，吃藥不一定能補身，坐飛機出國轉悠就能長「世界觀」嗎？

前一陣子，我有機會和真正的旅行家，至少是旅行成癮者談這個問題，他是蔡柏璋，台南人戲團共同藝術總監。他在三十出頭的年紀，就被譽為「集編、導、演三項才華於一身的難得創作者，台灣表演藝術領域最具潛力的領導者」。

二〇一四年，在 TED×Taipei 的講台上，他公開和聽眾說，當天，他身為一個三十一歲的台灣男兒，戶頭裡只有兩萬五千一百七十一元，這是他為了遊歷世界所付出的代價。

當然我很好奇，他花大量的時間與資源走遍世界，旅行讓他學到了什麼，他從旅行中學習的方法是什麼？

自己處理各種瑣事、難關，和衝突

在我認識的年輕人中，蔡柏璋的旅行經驗最豐富，他過去十年中，大約有五年的時間在海外。除了一年在美國交換學生，一年在倫敦讀碩士外，我問他還去了哪裡，他開始回想：「伊斯坦堡、羅馬、佛羅倫斯、里加（拉脫維亞首都）、斯德哥爾摩、奧斯陸、聖彼得堡、哥本哈根、巴黎……」落落長，我抄都抄不完。去這些地方，都不是為了生意訂單，不是學術公務旅程，而是自己內心對於經歷世界的渴望。

對什麼的渴望？美食，好酒，風景名勝，還是還是豪華旅館？

蔡柏璋的答案很特別：「學習面對未知環境中的一切困難與挑戰。」

身為集全家寵愛於一身的么子，在重視課業的環境下是個很會考試的小孩，蔡柏璋說他青少年時曾經是「沒有決策能力，一切都被規畫安排好，只要順著走就好。」一直等到他隻身出國，獨自面對各種難關，他才發現「原來自己有太多事情不會，這麼怕失敗、怕犯錯，須被人摸頭鼓勵。」

在英國的那個寒冬，他房間的暖氣壞了，他寫電子郵件給物業管理公司要他們修理。但他一開始摸不清楚英國人的溝通方式，無論是裝可愛、賣可憐，或者是強硬威脅，對方都不理睬。在極度的挫折無奈中，蔡柏璋漸漸地摸出英國人溝通的遊戲規則了。

> 親愛的艾咪您好，
>
> 好久不見，距離上次與您聯繫已經是兩週前，衷心希望您和家人有一個相當愉快的聖誕假期，貴公司的業務繁忙，每天都日理萬機，您們比任何人都需要、且值得好好放鬆度假。我這邊一切都好，無奈暖氣的問題尚未解決，聖誕期間我不慎受涼了，面對偏冷的室溫著實有些辛苦，如果您不介意，還懇請幫我提醒一下辛苦的修繕人員。我相信接下來的寒冬定能暖暖地度過。

蔡柏璋把郵件寫得非常有禮、得體，絕不傷和氣，絕不語帶威脅，表達出尊重對方的立場，但是仍然表現出自己的堅定請求。這封信寄出不久，管理公司帶了一台新暖爐給他。

在旅行過程中，蔡柏璋曾經被仲介羞辱，被房東欺騙，被偷光身上的一切東西……因為他脫離台灣這個熟悉又安全的地方，他被迫學習在艱難的處境下，找尋解決問題的方法。當這樣的事情一次一次發生，蔡柏璋發現自己愈來愈堅強，愈擅於處理各種難關。蔡柏璋說：「這是一種猛藥，而且會上癮。」

在嘗試中認識自己、接受自己

在家鄉當然生活便利，一切熟悉，但是這背後有個代價：形成慣性與框架，在一種形式下過生活，日復一日。蔡柏璋的經歷告訴他，旅遊是擺脫既定的限制，認識和接受自己的方法。

在台灣，父母、同學、朋友、老師、主

管……對我們的期待，常常會形成一套鐵甲衣，框在我們身上，多數人都會努力穿著這套鐵甲衣。蔡柏璋自己也曾經歷「覺得滿足別人的期望是人生的一切」，並且每天為此操勞忙碌。

脫離既定的期待甲衣，找尋自己的真實面貌，是遠行帶給蔡柏璋的禮物，例如，光是做飯烹飪，就帶給他極大的快樂和啟發。

台灣的生活，一向忙於讀書、工作、社交，偶爾回南部老家也是媽媽煮，所以蔡柏璋從來沒煮過飯，直到遠赴倫敦和莫斯科生活，那邊外食又貴又麻煩，他才開始發現廚房這個新世界。他發現逛超市、研究食譜，是一件多麼放鬆又好玩的事，同時也了解到，媽媽每天都要煮飯，是一件多麼辛苦的事。

看到現在的蔡柏璋可能有點難以想像，他曾經自尊心低落，對別人的肯定患得患失。他意識到自己的表演常常是為了得到肯定、為了讓同學另眼相看，所以做得格外誇張或暴笑。

遠行讓蔡柏璋擺脫既定的框架與期待，提供不斷轉換生活條件的機會，並且卸下所有期待與限制，自己可以決定用什麼樣的方式生活與呈現自我。在這個過程中，蔡柏璋發現怎麼表達自己的感受、分享、擁抱、接受愛，更認識不同面向的自己。

在此之後，蔡柏璋發現自己沒有那麼大的表演欲望，他不再需要把演戲當情緒的出口，或是在誇張出格的演出中，爭取別人的肯定。他說：「當我對自己的存在、個性、特質愈來愈了解，且打從心裡接受，我在面對表演的時候，才能全心追求恰如其分的演出，不再被自我的不安全感所左右。」

28：讓五湖四海的人帶你認識世界

我曾經問蔡柏璋：「有沒有什麼事，多數的旅客並不會做，但是你在旅程當中一定會做的？」他想了一想，說：「我每到一個地方，總會在當地找間喜愛的咖啡店，並且認識當地人，常常這兩件事會一起發生。」

就在不久前，蔡柏璋前往維也納，當地有很多漂亮的咖啡店，但他覺得好喝的卻很少。踏破鐵鞋走了很久，經過一家咖啡店，被飄出來的香味吸引，蔡柏璋走進店裡見到老闆，第一句話就說：「我聞到你的咖啡香，我覺得一定好喝！」老闆抬起頭回答：「我剛才在做實驗，泡了二十二秒，還是太長了，應該是二十一秒才對。」話閘子一打開，兩個人就整整聊了五小時。

蔡柏璋說：「其實『世界觀』或是什麼其他的鬼觀，對我來說沒什麼意義。對我來說，真實的只有『同理心』。」

當蔡柏璋遊歷伊斯坦堡的時候，正好遇上當地爆發示威抗爭和警民衝突。他和當地認識不久的朋友，正在距離抗議現場頗遠的地方喝咖啡聊天，突然湧出被警方驅離的抗議人潮，蔡柏璋跛腿跟著跑。有一顆催淚瓦斯在他身旁不遠爆開，他立刻無法自制地大哭，涕淚齊流。此時身旁不認識的土耳其人竟然停下來照顧他，給他檸檬片，教他如何減緩症狀。

在當學生的時候，蔡柏璋對於歷史、地理課本上的東西其實不感興趣，但他發現：「當我認識當地人，看到他們的虔誠，多麼溫和友善，就會開始有判斷能力，不再容易被媒體的片面報導而左右。這也讓我對他們的歷史感與趣，以前從來不會想讀土耳其的相關資料，現在覺得非看不可，我有朋友在那裡，那是一輩子的連繫。」

科技思想家的壯遊哲學

當今世界上，科技界最受推崇的思想者（也許沒有之一）：凱文・凱利（Kevin Kelly），只是個高中畢業生，聽起來匪夷所思？

他所寫的書不算多，但《失控》（*Out of Control*）、《必然》（*The Inevitable*），卻是至今思考「科技」最深刻透徹的著作。《失控》這本書，甚至啟發了著名的電影《駭客任務》（*The Matrix*）。

當有人詢問凱文・凱利，他人生最具啟發性的經歷與訓練是什麼，他的回答是：八年內踏遍亞洲的旅程。原來凱文・凱利從十九歲到二十八歲，近十年的時間在亞洲和美洲壯遊。然而，沒有讀博士寫論文，為什麼不但沒有耽誤他成為科技專家，反而是他心中認為「最值得的投資」？

我發現，他的壯遊哲學，和蔡柏璋的經驗

有相當多的呼應：

1去陌生、極為不同的地方

凱利生長在美國，也住過美國富裕進步的紐約。凱利的家庭和他的社會，都讓他熟悉當時最先進的科技。

一九七一年他十九歲時，從羅德島大學（University of Rhode Island）輟學，從世界上最知識昌明、物質富庶的美國，來到亞洲。而且在十年間，他在幾乎沒工業化（緬甸）、初期工業化（泰國）、中期工業化（台灣）、以及高度工業化（日本、美國）的地區，不斷切換、交錯觀察。

凱利的旅程，是去那些全然不同的地方，而且他待在這些國家，並不是十天、兩個星期，他可能一待就是大半年。

因為這樣的旅程，他是當時人類中，少數（也許是唯一）可以密集地、連續地、廣泛地觀察和比較：科技如何改變人們的生活方式、帶來什麼影響、各地人民如何用不同的科技來達成相似目的。

2工作賺錢自養

凱利的家庭雖然小康，但他並不是「腰纏三萬貫，騎鶴上揚州」。他在書中這樣描寫那幾年的生活：「進食靠雙手，徒步走遍山野丘壑、走到哪兒睡到哪兒。我的行李很少，總計有一個睡袋、替換的衣服、一把小刀和幾台相機。」即使過著這麼節省的生活，凱利還是得賺旅費。

為了能撰寫旅遊過程中的亞洲見聞，投稿到美國媒體，當時還沒有網路，用來傳輸、通訊的媒介，和非常原始網路體系相似。凱利也曾半開玩笑說：「以我當時書寫的方式來說，我可能是全世界第一個經營網路事業的部落客。」

他後來成立世界第一個虛擬社群、舉辦世界第一次網路使用者大會，以非技術人員的背景與身分成為網路革命推動的要角，最後成立《連結》雜誌（*Wired magazine*）。這些日後的功業，背後的洞見與動機，都是來自年輕時的經驗，讓他理解到人與人、社會與社會、經濟體和經濟體之間的聯結，可以創造多大的價值。

3 觀察普通事物中的特殊之處

在離開美國前，凱利就有在攝影工作室工作的經驗，一開始壯遊的時候，他的自我定位是攝影師，他一路上拍照，後來集結成一本攝影集《*Asia Grace*》，現在市面上還買得到。

他的壯遊足跡起自日本、韓國、台灣、菲律賓、緬甸、泰國、孟加拉、印度、斯里蘭卡、尼泊爾、巴基斯坦、阿富汗、最後到達伊朗，極少有人的旅行，可以造訪這麼多異文化。

而且，因為他是攝影師，他特別擅長（也必需磨練）對當地人生活的細節、不同群體間器物與工具異同，進行深入觀察與思索。壯遊過程中，隨時觀察各地方的剪刀、樂器、農業機械，從最原始，到最先進，從最簡單，到最複雜。在這麼多異文化之間的觀察和思索，是凱利成為科技思想家的真正觸媒。那些最日常的工具，在世界各地的差別變化，就是他觀察研究不盡的知識寶山。

「科技始終來自於人性」這句話我們都耳熟能詳，但有多少從事科技的人，先深入研究理解人性？凱利這位科技思想家，他懂的真的是科技嗎？也許不是，他顯然不懂微分方程、流體力學、光學元件。他懂的其實就是人性，跨越人種和文化的共通處，也就是科技運轉背後真正的推動力。那是十年跨文化、跨社會的觀察，產生的醱酵與萌芽。

台灣旅行文化極為興盛，我們可曾想過，旅行也可以是科技思考的沃土？也許，可以先從沒有美食、沒有購物、沒有大眾景點的思維壯遊開始。

找到動機，旅行才能學習

許多人對教育抱持「消費品」的概念是：我消費，所以我擁有。我消費名牌時尚，所以就擁有美麗；我幫兒女消費國外旅行和遊學團，就會讓他們擁有世界觀。

如果世界觀可以培育，它可能比較接近「體驗歷程」，只有走出透明泡泡，認識當地人、打零工賺生活費、感受當地的炎熱與寒冷、經歷當地的衝突與困境、親身感受友誼以及敵意、接納或是羞辱、找房子和煮三餐。

這個歷程，讓我們深刻理解另一個地方，以及了解自己真實面貌。

所以，希望孩子了解世界的家長，放手讓他們走出你用關愛打造的透明泡泡吧。

第三篇 人生如地圖，必須不斷更新

學習「思辨」能力，聽別人說，不如自己仔細想一想，摸索和思考這件事該怎樣進行，不斷更新自己、創造新的可能。

「為什麼現在走的高架，比我記得的要高呀？似乎早該要有下高架的出口，為什麼沒有呀？到底出了什麼事？」原本一路有說有笑的我，臉色鐵青，感覺到背上汗溼。

約四年前，我和一群朋友去金山參觀朱銘美術館。下午我負責駕駛，從金山開高速公路回台北市，車上還有一個男生，兩個漂亮的女孩。因為這條路我之前走過，出門前還看過地圖，所以心情很輕鬆。

但是愈接近市中心，我愈覺得奇怪：這條高架道路感覺很陌生，已經過了台北市西區，卻找不到出口引道，這一路要開到哪去啊！

就這樣，我們在高架道路上只能高速向西，過了台北火車站，過了淡水河，到了三重，到了蘆洲，甚至我看到向中正機場的指示牌。最後下高架的地方，已經是五股。想辦法迴轉再開回台北時，已多花了一個小時，我全身大汗，狼狽得要死。不消說，雖然同車的朋友們沒有責怪，但是我聰明又穩重的形象當然是大掉漆。

後來我才發現，我好一陣子沒走中山高速公路，它多開了一條岔路：汐五高架。我心中的地圖上根本沒有這條岔路口，所以經過這條岔路完全沒有注意，直接開上了汐五高架。這一個錯誤，讓我們多走了二十來公里的冤枉路。

大部分，地圖是一個很珍貴有用的東西，能告訴我們如何到達想去的地方。但有時候，我們身邊的世界已經變了，但是我們手上的、記憶中的地理地圖卻沒變。當路開了或路封了，公園變民宅、民宅變商辦……，我們照舊有地圖來走，就可能繞遠路、走錯路，耽誤你一個小時，並讓漂亮的女孩不想再和你出去玩。

但是，若我們心中的人生地圖欠缺更新，和現實世界已經不一致，麻煩可能更大。

29：測不準的未來，大災難？

該做什麼樣的工作？該成為什麼樣的人？該發展什麼樣的專業？我們怎麼思考這些問題？

有時候是爸媽幫我們決定：「啊，做這個比較好啦，你看吳媽媽的兒子現在工作多好！」

有時候是我們國小、國中、高中某天看了新聞、影集、電影、日劇後福至心靈：「啊，我以後一定要當個老師（醫生、警察⋯）幫助別人，就像〇〇〇一樣！」有時候是碰巧考上了某校某科系，在半推半就學了許多「專業科目」，或在人力銀行網站上看到哪些「相關職業」、「熱門產業」⋯⋯。

也許這樣會比毫無目標好一些。但是那些爸媽給的、鄰居說的、自己幻想的、媒體吹捧的、人力銀行依歷史資料統計的就業指導，到底多有效？我們該多當真？

在這個時代，如果你太當真了，也許很危險！

小時候的夢想職業，長大還存在嗎？

青少年階段，視野與生活經驗受限，台灣封閉式的教育體系下，尤其是如此。

回想我們中小學的時候，能接觸到哪些職業？生活中會遇到有權威與知識的人，幾乎只有老師，看病的時候會覺得醫生好偉大，接觸的傳媒上，經常出現的就是影歌星與新聞主播，也許加上一些家族親友的職業。有意識地拓充視野，了解多元產業、專業發展的學生，在中小學階段真的非常難。

如果認真回想我們中小學時代立定志向的理由，通常會發現，我們不是真的想做這個職業本身，我們是希望幫助人、希望被尊敬、希望讓家人覺得驕傲、希望創造豐裕美好的生活。簡而言之，我們希望自己「有用」。在這個階段，因為人生經驗相當有限，無可避免將這些期望寄託在老師、醫生、歌星這些職業上。

年輕時代，不只看過的職業類別甚少，即使看過，往往也只是該職業在特定時空下的某個美好剪影，而非全貌。

有不少人從小有「當老師」的心願，嚮往著春風化雨、作育英才。但讀了教育學程、進入實習才了解老師的真實處境，少子化大浪襲來，各校都開始凍結員額，就算甄選上，也會被各種評鑑榨乾心力，在教改方案中昏頭轉向，無論教改不教改都被升學率綁架……。

不少人發願成為「設計師」，心中想的是任意發揮創意，慢慢了解這圈子的生態後會發現，業主（及大眾）的美感與素養決定了一切，自由創作極度無法實現。廣告業、新聞業、電影產業，懷著理想入行的人，不久就會高唱「夢醒時分」。

更顯著的例子是醫生。在一個世代前，醫生從收入、社會地位，樣樣高人一等。現在，我的臉書朋友中，最常抱怨工作的都是醫生，超時工作、醫療爭議、被制度剝削。今日，醫界真的是「圍城」：外面的人想擠進去，裡面的人想逃出來。

打算從年輕到老年，在專業路上從一而終的人，他們的人生最可能陷入艱險。

專業不是從地盤中長出來的山脈，在這個地方永遠長存。專業是一個產業的內部組成分子，當產業遷移的時候，內部的專業也隨之移動。在過去二十年間，台灣代工製造業成批外移，連帶將大量紡織、塑化、電子領域的工程、管理專業空缺，數以萬計地帶向中國、東南亞，甚至印度和非洲。

專業不只移動，也會消失。電腦自動化取代人工，並產生新的工作形態，這件事不但仍在進行中，而且還會加速。一九七〇年代，企業使用電腦試算表，在美國取代了近百萬的簿記員；但在此同時，電腦試算表這個工具，讓今日會計師、精算師、財務分析師的工作模式成為可能，又產生超過百萬個工作機會，這些專業的經濟產值都高於傳統簿記。

台灣對這個情境也不陌生。我們都看到國道收費員被ＥＴＣ取代，看到電子書店取代了傳統書店，ＡＴＭ取代銀行櫃台行員，數位相機和電子相簿流行後，建立在化學膠卷科技上的所有專業全都蒸發消失。新的專業出現時，常常是產值更高，收入更豐厚的機會：資料科學家、使用者經驗工程師……這些十年前不曾聽聞的專業，現在引領風騷。

當舊的行業走進歷史，新的（更潮、更酷、收入高）專業不斷出現，為何人要死守幾十年前的判斷？

每一個職業都是這樣，都有人前風光和人後滄桑，都可能有高峰榮景和底谷悲涼，而且起伏變化速度只會愈來愈快。我們的人生，愈來愈無法在十幾二十歲前，就設定好一條路徑，可以筆直走向「幸福快樂的人生」。

許多人都想要一個「找到正確道路」的方法：做某個測驗、查哪些資訊，就能夠進入一個科系，學得充實又快樂，日後也順利進入相關職場，幸福快樂一輩子？

愈思考這個問題，我愈覺得這個問題錯了，就像不存在命中註定的天子／天女，必然可以帶給你幸福快樂，同理，其實不存在一個必然帶給你幸福快樂的「正確道路」，更不太可能討論一個永遠不出錯的選擇方法。

那些指導我們人生，給我們「正確道路」的地圖，今日已經失效。已經沒有人可能拍胸脯說：做這個工作一定好。怎麼辦？這個時代，我們的面前有嶄新的原野，等待我們自己去探勘開拓，找到自己的旅程奇景。

30：別讓「相關領域」限制你

一個父親從機場接兒子回家的路上，有了這樣的談話。

「對於未來的主修，有什麼規畫？」

「我想成為政治家幫助人，可能想讀政治學」兒子說，父親沉默，慢慢將車子靠到路旁。轉過頭正色地對孩子說：「你先去讀醫學院，等你完成實習，拿到正式醫生的資格，你要做什麼我都隨便你。」

接下來，發生什麼事，家庭革命？沒有。這個年輕人聽從了，但他所做的不只是順從。

讓我們把時間快轉三十年。

找出跨領域的節點

三十多年後，這個年輕人成為一所大學的校長。一天，他辦公室的電話響了，是白宮打來的，美國總統歐巴馬（Barack Obama）邀請他擔任世界銀行（World Bank）總裁。他是金墉（別和小說家金庸搞混了），他為人所知（及在各種官方資料上）的名字是 Jim Yong Kim（Jim 是他的英文名字）。

金墉父母都是韓國人，他也出生在韓國首爾，五歲的時候移民了美國。他後來擔任數個職務，都是職位上的第一個亞裔，包括世銀總裁。世界銀行，是世界各國頭頂上的銀行，擘畫全球規模的脫貧政策，並提供資金讓各國政府執行。

單就預算來衡量，世銀總裁的權力是國家元首等級：在二〇一二年，世界銀行對全球各地貸款支持金額為三百億美金。他的主要合作對象，是世界各國元首，以及聯合國秘書長潘基文（巧的是，他也是個韓國人）。

怎麼辦到的？一個移民青年，因為父親的堅持而棄政從醫，怎麼還會成為國際政治界的要角？另一個不可思議是，從各方面看來，世界銀行總裁過去一向都是由銀行家、經濟學家、資深政治家擔任，這個領域專家高手何其多，怎麼會允許醫界的人來瞎攪和？

如果細究金墉的人生歷程，我們將會發現，他因父親的決定讀醫學，以及之後的一連串決定與行動，反而為他後來進入政界，執掌世界銀行發展打下最重要的基礎。

為何？

首先，金墉習醫之後，從不把自己定位為一個待在醫院診間為病人看診的醫生，他一直沒有將影響大局的理想埋沒。

在一九八七年，金墉還沒從醫學院畢業，他就和幾個志同道合的朋友成立了一個跨國的醫療機構，醫療伙伴（Partner in Health）。這個醫療組織擅長結合當地社區力量，運用新的思維與醫療模式，進行極度低成本的醫療。

例如，在美國本土，治療一個結核病人通常要花兩萬美金；「醫療伙伴」在海地，卻能把治癒結核病的成本，壓低到兩百美金。

在金墉和他的同伴努力之下，「醫療伙伴」針對開發中的貧困地區發展出醫療模式，效率與效益都極為突出，不但為各國學習取法，而且本身也快速擴大。到現在，「醫療伙伴」已經有一萬四千個醫療人員，在世界各國為貧民的健康努力。

當「醫療伙伴」愈來愈穩健的時候，世界衛生組織（World Health Organization）邀請金墉加入，希望借重他在醫療伙伴的經驗，擔任愛滋病（HIV、AIDS）防治部門的主管。在金墉的任內，他再次成功地用非常低的成本，幫助貧困地區治療愛滋帶原者。從二〇〇二～二〇〇六年間，這個計畫幫助了將近三百萬病人，並且減少這三百萬人將病毒傳染給別人的機會。

奇怪的是，讀過醫學院的人甚多，參與國際醫療、公共衛生的人也不少，為什麼金墉特別有效地推動疾病防治和醫療的政策？

這就要從金墉讀的第二個學位：人類學說起。

WHAT？

面試前，先讀誰的論文？

金墉在大學畢業後，如父親所期待的，申請進入醫學院就讀，但在此同時，他申請進入另一個博士班：人類學，這個學科追求的是，徹底了解一個社會群體中的結構、關係、互動、信念等方方面面。

從表面上看，人類學和世界銀行毫無關係。事實上，兩者關係極深，可以從金墉向歐巴馬自我推薦的一段話中看出端倪。

在二〇一二年，金墉接到歐巴馬邀請出任世銀總裁。歐巴馬問金墉：「如果我要跟別人推薦你，你覺得我應該如何證明你是這個職位的不二人選呢？」這句話其實是在詢問金墉：請你也說服我，你有資格做這個顯赫的職位吧。

歐巴馬沒想到金墉反問：「總統先生，你讀過你母親──安．唐娜姆（Ann Dunham）的人類學博士論文嗎？（歐巴馬的母親是一位人類學家）」歐巴馬吃了一驚，顯然沒有預期會被反問，他回答：「有。」

金墉接話：「五十多年前，許多人以為，全球化會導致印尼鄉間的手工藝坊不敵競爭而消失，但你母親在她的人類學研究中論證了，其實反而因為全球化帶來的商業機會、技術與原料的改進，手工藝坊反而大為興盛。總統先生，其實多年來，我同樣是結合醫學和人類學的知識，了解在地的實況、當地人的行為與社會，用最有效的方式連結外界資源，改善貧窮地區人們的生活。」

歐巴馬如大夢初醒，推薦金墉的提案也完全敲定。後來，歐巴馬再遇到金墉的時候，曾開玩笑說：「在爭取工作的時候，引述面試官母親的論文，這招太妙。」

在金墉推行醫療相關計畫時，人類學提供了一個科學以外的社會視野。舉個例子，金墉知道人類學研究指出，許多人成年後的情緒不穩、學習困難、缺乏學習與生活動機，和幼年時期與母親的親密互動程度有關，可是，非洲地區的母親都極端貧窮，常常大量時間在工作，無法照顧嬰幼兒。

於是，金墉推動一個看似和醫療無關，卻大大提升當地人生活的政策，低收入婦女每個星期若花一點時間和自己的嬰兒互動，可以得到一些「工資」。這個政策使大量嬰幼兒，每星期至少得到母親幾個小時的親密陪伴，也就減少了他們日後學習和人格的困難，可謂小成本帶來大效益。

三十餘年前，金墉是否被父親阻止就讀政治學的規畫？是的。金墉是否走了原本沒有興趣的路：醫學？是的。然而三十年後，金墉仍然參與政治，幫助全世界貧困、弱勢人民，而且程度可能遠超過他二十歲時的想像。

這個時代，什麼樣的學科背景，與可以做出什麼樣的事業、成為什麼樣的人，已經不單是簡單的對應關係。例如，世界銀行行長不見得只由財經背景人士出任，而有醫學背景的人也不必一輩子當醫生。

金墉先生並不是孤例。我們就從金墉先生受益甚多的「人類學」為切入點，我們可以看出每一個領域的知識、技能、思維，都可能產生跨領域的運用，人才不必把「專業」當成一條死胡同。

31：楚材當然可以晉用

如果就讀一個沒有明確對應職業的科系，是不是比較浪費了大學？如果讀了這樣的科系，日後的事業該怎麼發展？

老實說，以前讀大學的時候看某幾個科系，常在心裡有這樣的疑問，卻又不知道該問誰，才不會傷對方的玻璃心、自己找打被討厭。

直到最近才厚起臉皮，和兩個看似「不務正業」的「人類學家」朋友談起這個問題。不好意思，「人類學」，就在我看不懂的科系中排名首位！

這兩個人類學家，一位是宋世祥，他在匹茲堡大學讀完人類學博士後，竟然不是在人類系找教職，而是到中山大學企管系做博士後研究，並且一頭栽進台灣的創新創業圈，在高雄、台北各地，連結在地社群、民間企業、公部門的資源能量。

另一位是服務設計師林承毅，他刻意在名片強調自己的身分：人類學家，用人類學的思維，發現使用者端體驗、問題、解決方案，改善服務品質。

他們怎麼從人類學走進產業界？或問得更廣一點，人類學這類毫不對應特定職業的科系，（用最庸俗的方式問）能用來賺錢嗎？

好在，這兩位好友並沒有因為我提出這麼庸俗的問題看不起我：「在台灣，我們以為產業界不需要社會科學和人文學科的人才，但是在歐美社會，情況就大不相同。」宋世祥隨口就舉出了許多例子。

知名的社會企業家兼人類學家辛西亞．柯尼希（Cynthia Koenig），因為發現貧窮國家的女性要花大量時間與力氣抬水，發明了「水輪（Wello）」，將水箱做成大輪子的形狀，婦女可以輕鬆推著走。

吉納維芙．貝爾（Genevieve Bell）是史丹佛大學的人類學博士，英特爾公司（Intel Corporation）特別借重他的人類學長才，在英特爾實驗室領導一批社會科學家（包括互動科學家、人因工程師、電腦科學家），研究使用者體驗與人機互動，開拓新的電腦應用方式。

瓦萊麗．奧森（Valerie Olson）是加州大學爾灣分校的人類學教授，因為他對於人在極端環境下的行為深有研究，連ＮＡＳＡ都借重他的能力，研究太空人在外太空的生活需求，以設計更有利長期居住的太空艙。

其實，這正是宋世祥這幾年來，投注時間蒐集資料的課題。他成立了一個臉書粉絲專頁：「百工裡的人類學家」，記錄台灣到世界各地，人類學家如何運用他們的訓練，觀察人的行為，理解行為背後的意義與動機，進而做出更好的政策、設計、商品、服務。

問題來了，人類學的知識或技能到底是如何跨越學科的界限，在各種乍看無關的領域發揮價值？

跨行能帶走的思維與專業

林承毅告訴我：「人類學培養的技能之一是，觀察人的行為，不加批判、徹底而深刻觀察。不但觀察到那些常常忽略的行為，還要去理解行為背後複雜的因素，連當事人有時候都不一定知道自己行動的原因。」

人類學者的研究不僅在旁邊看，為了深入了解人，需要開發各種研究人的方式，這些都可能運用在產業中。例如，有一種人類學研究法叫「物件考古」，林承毅將這個方法用在女性服飾的需求與設計。

「大部分時裝設計師，會把太多的注意力放在自己的美感創造，但是人類學的訓練要求，無時無刻理解當事人的感受。」林承毅找了一些女生，調查她們買什麼鞋，拍攝她們穿的鞋，觀察她們行走方式，還到她們家打開鞋櫃一雙一雙問：「為什麼買這雙？常穿嗎？什麼時候穿？會再買嗎？為什麼？」結果，他發現女生買鞋的最重大煩惱，其實還不是美感，而是穿女鞋容易腳痛！

女鞋容易腳痛怎麼辦？那就設計一款不會腳痛的女鞋吧，長得醜一點沒關係？受過人類學訓練的林承毅可不這樣想。

「頭痛醫頭，腳痛改鞋，是直觀的做法，」宋世祥告訴我：「但是永遠卡在直觀的做法，往往是許多問題無法突破的原因。大量創新的發生，都開始於我們以不同的方式看問題，也正是人類學擅長的事情。」

「以這個例子來說，我們直觀地認為

『美』、『造成腳痛』，都是『女鞋』上的相連概念，我們得在女鞋上一邊加強美，一邊改善腳痛。但是，也許『造成腳痛』可以從『女鞋』獨立出來，另外找方式處理，例如把『腳痛』和『腳』相連，直接在腳上處理『腳痛』，這將會衍生一系列全新的解決方案！」

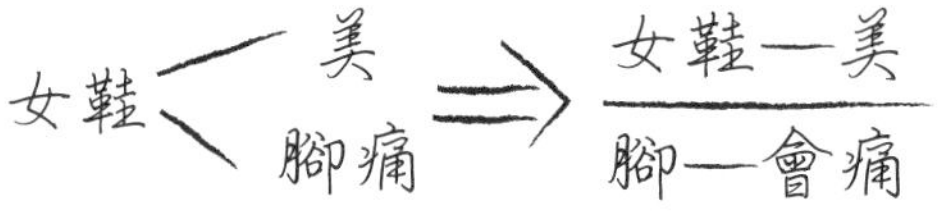

林承毅一邊在紙上畫圖（如上圖），一邊示範人類學的思考，如何將簡單的「鞋與腳痛」進行概念的分解和重組。我才理解到：原來人類學可以把吃飯、上廁所……都寫成一本書，背後有深刻的道理。

於是，林承毅提出的解決方案（也就是值得經營的商機），不是做新款式的鞋子，而是直接改良設計人工皮，讓它更便宜、更方便，女生可以買來貼在後腳踝，於是穿各種鞋子都不會磨傷。經過林承毅的說服，這個廠商把經營重點從女鞋移往人工皮，再經過許多使用者測試，找出一種款式與材質，不但形狀美觀，而且使用者不必看說明書，憑直觀就能知道如何使用。

「人類學給我們的，不見得是一個具體的知識，例如二十種胺基酸名稱；我們學到的是一套思考方法，可以用在多種的領域。概念的拆解和重組就是其中一個重要例子，這讓我們對問題的結構進行翻轉和重新組合，這是創新的重要思維過程。」

人類學可以用在別的產業上的，只有思維方法嗎？可能還不只。

科系將不再決定未來職業

正如程式專家以電腦程式處理問題，外科醫生用手術刀和縫線動手術，人類學家也有他們獨到的工具，而且，也可能運用在許多領域。舉個例子。

林承毅設計師曾和一間身心醫院合作專案，改善它的服務流程。在這個專案中，林承毅發現病患在掛號後，到看到醫生中間，可能有長達一個小時的時間，而這一個小時讓他們備受折磨了。

因為這些病患本身精神不穩定，在這一小時中，他們會一直想和醫生說那些痛苦不堪的問題：憂慮看診後用藥副作用，擔憂療程成效不佳……。如果要改善這個問題，該怎麼辦？

藥學上的工具，也許是再給些抗憂鬱藥物；管理學上的工具，也許是流程精簡或增聘醫師（當然也增加成本）。而人類學家有他們擅用的工具：互動與儀式。

林承毅設計師建議院方，當一個病人掛完號後的五分鐘內，醫生要先出來和病患打招呼，並大致說明看診的流程情況、大概等多久會看到。此外，院方在候診區設立一顆被祝福過的石頭，立了告示說明：摸這顆石頭，會安寧心情。

這顆石頭真有神奇力量嗎？見仁見智，相信的人，就對他有效。無論如何，病患摸摸石頭不會有什麼壞處，因為當病患分心在這祈福儀式上時，他們自然不焦慮了。

人類是物質的動物，對食物、藥物、電子產品……有感覺，這些是物質科學領域的專長；但人也是關係、意義的動物，對互動、儀式、符號……有感覺，而這些則是人文與社會學科的切入點。一個進步的社會，顯然需要兩邊的人才。

在過去兩百年間，科技突破造就第一波產業革新，那時候科學家和工程師是獨領風騷的人物。過去一百年間，量產效率大量提升推動了第二波產業革新，流水線和標準化是那個時代的絕技。但是現在，科技發展已經超過許多人的想像，生產效率快到已經出現供給過剩。這個時候，發現新的、未滿足的需求才是產業突破的關鍵。

在這個情境下，對人的觀察能力、想出新方案的能力，是最有價值的。這就是為什麼過去我們會認為，人文與社會學科畢業生「不會賺錢」，在這個時代卻有可能在許多領域、產業發揮才幹，甚至領導產業的變化創新。

在畢業後的事業潛力，或是該往哪個方向發展，我們還要用大學科系來決定嗎？請別再無知了。

32：讓世界告訴你方向

大部分的人畢業後，幾乎都覺得該進入所學相關產業、專業，不然就是浪費過去所學，或者，半路出家進不一樣的領域會毫無優勢。真的是這樣嗎？不知道你是否熟悉這個人，近幾年名氣震天響的中國企業家：馬雲。

在台灣，馬雲的知名度很高，許多人知道他是淘寶網、阿里巴巴集團的創辦者，是企業鉅子。有趣的是，馬雲大學時就讀和商業、網路、科技完全無關的英文系。他不是富二代或官二代，不是一線名校畢業，沒有歐美留學經驗，沒有學過任何電腦軟硬體科技，完全不會寫程式。

今日，他卻能經營世界性的電子商務企業集團，他的語錄滿天飛，透過網路、書籍上大量傳播，說得竟然比賈伯斯或巴菲特還要感人，已經成為企管界學習的新對象。為什麼馬雲做得到，而不是別人？什麼引導馬雲走向他的成就？

馬雲高中畢業時，因為數學太爛，大學考三次才考上。重考的過程中，因為需要貼補家用，白天送貨，晚上補習。終於考上大學時，他選了師範學校的英文系，畢業後也在一所專科學校擔任英文教師；這當然是英文系典型的「相關職業」，標準的學以致用。但，怎麼都看不出，他日後會成為電子商務大亨。

馬雲能成為今日的企業領袖，正是因為他不典型、不標準地使用大學科系鍛鍊出來的專業能力，這種「學以致用」的方法，可不是學校、不是科系告訴他的。

在當英文老師的時候，馬雲收入很少，於是經營翻譯事業賺外快，也因此認識了不少國外的事業伙伴。一九九五年他到美國旅行，住在一個事業伙伴的家裡，發現網路這個科技，只要將電腦接上網路，就可以取得世界各地的資訊，獨漏中國，這個全世界人口最多、商業潛力無限的國家。

那個時候，中國已經有許多人學電腦的軟硬體，但卻還很少人深入了解網路如何改變歐美一般民眾的生活。馬雲是中國十三億人中，最先發現網路潛力的幾個人之一。

幾年後，馬雲經歷了一段事業歷練，辭去教職，正式創立阿里巴巴，蒐集全中國數十萬家企業的原物料、零組件生產資訊，並且全部由專人翻譯成英文，讓外國買家能輕易、順利和中國企業做生意。在《一千零一夜》故事中，阿里巴巴學到了密語「芝麻開門」，打開了貯滿財富的洞穴，顯然，馬雲希望這個公司也達到這個目標。

有趣的是，馬雲他沒有學過電腦、程式、網路的任何科技。那麼，他成立這個事業的優勢究竟何在？為何把這個事業做起來的是他，不是別人？

英文不是直接原因，卻是關鍵

首先，因為他的英文能力夠強，他本人有判斷外語人才的能力，擔任阿里巴巴網站文字、英語翻譯等服務的品管。這件事，是一般中國軟體工程師辦不到的。

第二，因為他的英文能力夠強，在阿里巴巴開拓歐美市場的時候，無論接受採訪、與投資人見面，或是國際級記者會，馬雲總可以自己披掛上陣，不用透過翻譯，不用透過公關負責人。

最後的一個大謎團：為什麼馬雲只有一六八公分，（幾乎可以說是）其貌不揚，卻可以成為明星般的企業領袖、旗下的員工士氣高昂？

原因很多，例如制度、管理方法……但不能忽略的是他的演講。我看過他在各種場合時的演講，不由得讚嘆：這個小個子真有廣闊的胸懷，能說出美好而動人的語句。

這並不奇怪，因為馬雲的靈魂內核就不只是個商人，在他年經的時候曾經沉浸於經典，研究過文學技法。職業的商人沒有馬雲的胸懷和文字技巧，一般作家或學者又沒有馬雲的奮鬥經驗，他的感召力正來自這兩種特質的揉合。

在二〇一五年三月，僅僅在博客來網路書店上查詢，以馬雲個人為主題的書就超過五十六本，其中有十三本是他的演講、語錄、說話之道。這個現象，在東方企業中極為少見；在台灣根本找不到任何一個企業領袖具有同樣的號召力。

確實，馬雲的英文能力，和他創立阿里巴巴集團的成功有很大的關係，但任何英文系的人都不會想到，馬雲卻找到發揮、發達的機會，這來自他了解人們的真實生活。

上大學前就打工，當老師時也在經營翻譯副業，馬雲比別人知道溝通連繫、交換商品和價格的資訊，對所有「做生意」的人來說是多麼重要。當他有機會到西雅圖，比絕大多數的中國人更早注意到，網路已經為歐美數億的人帶來多大的便捷，他立刻明白其中蘊藏多大的機會，他知道網路可以串起中國的製造商，與全球的購買者，讓買的人得到好產品，賣的人做到生意、養家活口。

馬雲判斷這是市場走向的大勢，於是他相信這樣的網站會有極大的商機：集合大量製造商、提供完整的中、英文訊息界面、確保安全可信的交易環境。馬雲用盡自己的特質、長才，和英文系的訓練，做到了這件事。

這個變動快速的時代，無論是人力銀行，或是學校科系提供的各種就業資訊、職業路徑……這些都是好的，都可以看看，但請別太相信。要投入什麼樣的事業，最可靠、最有效的資訊來源，就是這個世界本身，而我們都要學會觀察與解讀。

33：新世代，教育、創業的黃金年代

台灣每年都有成千上萬優秀學生，懷抱「救人生命、護人健康」的志向，拚死讀書補習，希望能考上醫學院，希望透過這個歷程，證明我們很聰明、很努力，有資格成為醫生；我們希望證明，自己在社會上有用、值得尊敬，我們「有貢獻」。

其實，我們非得透過這條路得到正式認可後，才有資格、有能力「救人性命、護人健康」，做一番受人敬重的事嗎？

現在，每年一百三十萬人因為使用不潔的針頭而感染傳染病死亡，但有一個醫療器材可能是他們的救星，ＢＢＣ、ＴＥＤ、經濟學人，都免費幫它宣傳推廣，支持全世界的醫療體系多加購買使用，它的發明人也被譽為當今公共衛生領域的英雄之一。

這位英雄不是博士，不是醫生，沒有讀過醫學院，甚至沒讀過大學。他的故事，也許值得許多拚死拚活希望讀醫科的年輕人思考，他叫做馬克・寇斯卡（Marc Koska）。

寇斯卡一九六一年生於英國，曾畢業於頗富盛名的司鐸中學（Stowe School），但不願繼續就讀大學。十八歲後，他開始到倫敦、歐洲、美國等地旅行，在當地做些臨時工。他曾在加勒比海列島待過好一段時間，主業是在蔚藍的大海上衝浪，副業是在當地的法院打些零工（例如整理證據、資料等）。

那幾年，據寇斯卡本人說，他的生活目標就只是遊玩，他所擅長創造的東西只有「藉口」，對醫療衛生「全然無知」，直到二十三歲。那一年，他從報紙上看到一則專題報導，每年超過一百萬人，死於重複使用針頭所感染的疾病，例如愛滋病、B型和C型肝炎。

直至今日，在施打毒品的群體之間，以及貧窮的人民，為了節省花費，重複使用針頭仍相當常見。BBC最近就有一篇專題報導，結果關於柬普寨一位無照醫師重複使用針頭，結果造成當地大量病患感染HIV病毒，從小孩到老祖母，從主婦到尼姑，甚至包括他自己的岳母、大嫂、兒孫。

看到這些事實，寇斯卡相當震驚：阻止針頭重複使用，原來這麼重要，但這件看起來也沒有多難的事，為什麼沒有做到呢？

學習動機強，自修醫學、創立公司

於是，寇斯卡開始學習關於傳染病的知識。他閱讀身邊一切找得到的醫療書籍，了解病毒傳染的原理、學習公共衛生政策。寇斯卡最後成為針筒的專家，因為他找了各種針筒專利詳加研究，走訪大量針筒工廠，並且研究塑膠注射成形的技術。最後，他知道要如何改良針筒了。

寇斯卡創立一間公司：星辰針筒（Star Syringe），他設計的針筒，只要用過一次後，就會自動卡住，若要把活塞向後拉，活塞就會脫落，再也塞不回去，絕對只使用一次。他設計的針筒，和一般針筒用的材料與使用方法也完全一樣，生產製造方式只有一點點小變化，所以製造上幾乎沒有增加成本，對使用者也沒有造成不便。

到今天，寇斯卡設計與銷售的針筒，每星期就用掉幾百萬支，每年這類針筒（後來也有同業仿照）用掉十億多支，但還是太少，因為只占每年全球針筒用量十分之一。為了提升全球對「針筒風險」的意識，寇斯卡成立了一個非營利組織Safepoint，在全球推廣安全針筒，改變醫生和病患的行為。

寇斯卡的事業，不但帶給他本人富裕，幫助了全球數以萬計的人，並且為他帶來大量肯定和榮譽，他得到二〇〇四年英國年度最佳發明獎（British Invention of the Year）、二〇〇五年英國年度企業家大獎（Entrepreneur of the Year Award, Highly Commended, National Business Awards）、二〇〇六年的女皇獎（The Queen's Awards for Enterprise for International Trade）、二〇一一年經濟學人雜誌發明獎（社會經濟類）（The Economist's Innovation Award），此外，英國兩間大學還頒給他榮譽博士。

這個時代和過去極大不同。在過去，你要先取得認可進入某學校、取得某主修畢業資格、加入某個職業體系後才可能有資格、有資源、有知識去做一些事。現代不一樣了。

寇斯卡的例證顯示了，在這個時代，只要你看到這個世界的需要，你可能用網路、書籍等，學會相關的知識技能。倘若你真誠希望有所貢獻，這個世界已經逐漸放棄成見，有各種管道幫助各種背景的人，發揮所長。當然，沒有醫學院學歷和醫師執照，你不能開刀用藥，但你仍然可以透過別的途徑，提供服務，創造發明，助益人們的生命及健康。

34：外行與專業，一念之間

我自己寫教育類的專欄文章，就常常被問到：你大學讀教育系嗎？你讀師大嗎？那麼，教育事業需要什麼樣的人？什麼樣的人能做教育呢？

Alpha Camp是台灣第一間新創人才學校，創辦人是Bernard（陳治平）。他的青少年時期在加拿大渡過，大學雙主修經濟與電子工程，並在美國麻省理工學院讀企管碩士。他的工作經歷遍及美國和大中華地區，在香港待過管理顧問公司（Bain），在北京待過新創團隊，在雅虎當過高階主管，自己也創了業，經過這一大圈後，他知道自己適合做的是：教育，和制式學校大不相同的教育。

Bernard的工作歷程看起來順利得意，其實追尋過程漫長與跌撞。

例如，他第一次到北京加入新創團隊負責管理的時候，發現自己雖然有管理碩士，但是要成為獨當一面的管理者，還遠遠不夠火候。他對產業的理解、領域人脈都不足。

再例如，當他在雅虎擔任亞太地區廣告產品總監時，雖然學到很多網路、廣告、資料分析方面的專業知識，但也對大公司缺乏效率、內部溝通聯繫程序失去耐心。

尤其在 Bernard 和一個朋友，創立時尚部落格平台時，感觸更深。一開始他以為自己對時尚有興趣，後來發現想像中的淺薄興趣，根本不足以支撐創業的考驗。要開拓用戶，要趕出產品、不斷修改……處理各種問題都會有壓力和不開心。

在一個機緣巧合下，Bernard 發現一間位於美國芝加哥的私人教育企業，叫做 Starter League，它專教創業實用的網路軟體開發技能，相當受到歡迎矚目，而且當時得到了一筆不小的投資，朋友建議 Bernard 去「了解一下」，結果，這「一下」就深陷其中了。

Bernard 一邊看相關資料，一邊想起他在過去幾年間，因為自己是硬體出身，缺乏網路軟體相關知識在創業上遇到的瓶頸，於是他「順手」就填了申請表格，兩天後就坐上飛機到芝加哥上課去。

這個時候，Bernard 已經三十七歲，有麻省理工ＭＢＡ的學位，加上十幾年相當傑出的工作經驗，甚至已經在創投機構中擔任類似顧問、導師的角色，給新創公司發展與經營建議。當他來到 Starter League 教室，他竟然和十三歲的小孩子坐在一起學程式，是不是有點為難？他一開始確實花了些力氣調適心態，但很快地樂在其中：

「我們一班三十人，教室中最小的十三歲，最老的四十多，我三十七，大部分二十二到二十八歲，我算是拉高平均值。因為年齡和經驗的差距，第一星期有點格格不入，後來卻是一個很開心的經驗。我理解到我很喜歡學習，而且喜歡一個類似學校的環境，每天學到新的知識，和同伴一起成長，而且我的經驗也可以分享給比較資淺的同學，這樣的感覺真的很好。」

變化的背後是需求

在 Starter League 學習的過程中，Bernard 不只學到網路與程式技能，他更發覺到這個時代，至少有三種人面臨著「非學位導向」的學習需求：

第一種人，他是創業者或投資者，希望學習和理解網路和程式實務，可以有效和工程師溝通，甚至自己動手做商品雛型。

第二種人是轉職者，他們原有職業，但是做不下去了，他們需要實務的工作技能，而不希望進入學術導向的研究所。

第三種人是所謂的「大學輟學生」，他們不覺得大學的收費、教學內容適合自己，他們想早點學到扎實的技能，迫不及待想在職場上闖一番天地。

看著他身旁各種背景、各種年齡層的同學，Bernard 想起他在創投機構中擔任顧問時的心得：「我那時看了幾十個團隊，台灣、香港、東南亞各地都有。我覺得台灣的新創瓶頸並不是沒錢可以投資，而是團隊的個人準備和商業理解都不夠，某些團隊有技術卻看不到市場，某些團隊不懂得公司運作管理，某些團隊要嘛沒有願景，無法思考走出台灣的事業格局。新創需要的人才，是教育環境沒有提供、培育的。」

Bernard 開始思考：大環境中對於學習的

新需求，以及他本身的經驗與才能，有什麼樣的結合可能？

創業＝經驗＋專業

Bernard 其實曾經和教育有些緣分。他年輕時當過家教賺零用、也在大學擔任過助教，他認為能把知識分享給別人、幫助別人成長是一件很享受的事情。但同時他又覺得當老師很無聊，「我有個親戚當老師，他說同一本課本要教二十年，反覆教上百次！我可受不了。」

現在似乎有另一個全然不同的事業模式在他眼前展開，像 Starter League 這樣教授新創人才需要的實務技能，加上 Bernard 自己商學院的知識、在企業與新創領域的經驗，能幫助那些在變動時代想為事業殺出一條血路的年輕人。

這樣的教育事業有需求嗎？需求會成長還是減低呢？Bernard 是這樣評估：「一般的學校擅長教長久不變的知識原理，至於產業的需求與變遷、新創領域的突破點，需要的知識、技能，甚至思維方式，則跟一般學校有落差。」

這個構想，也就是 Alpha Camp 的來源。當 Bernard 確定要把這個構想付諸實行，接下來就是要考量地點。

「我想要從比較小的市場開始實驗和發展。而在台灣、香港、新加坡之中，我覺得台灣最有優勢。首先，台灣有科技業的傳統，培養了許多底子不錯的工程師，不像香港和新加坡，金融和商業人才多而工程人才稀缺。第二，台灣當時已經吹起新創風潮，幾個新創企業已經嶄露頭角，新創企業求才若渴，年輕人也對新創企業的職缺懷抱期待。

此外，站在學生的立場，台灣經濟不好，

物價便宜，生活成本低，反而是一大優勢！年輕人不接工作，全職學三～四個月，還是活得下去，在香港和新加坡可辦不到。而且因為香港與新加坡的收入還是較高，年輕人沒有這麼希望改變，反觀台灣的年輕人，為自己找出路的動機很強。」

於是，Bernar 開始招募技術面、商業領域的行家擔任教師，他的標準是：不但業界有成就，還要能一起討論，深入、細膩地打造課程，參與課程的長期改善、打磨。雖然受邀的人都非常忙碌，但是許多人都願意支持與響應，許多人都對這個新形態的教育方式、分享經驗與技能的機會感到興趣。

百般刁難，竟然招生滿堂

快轉到一年後，當萬事俱備，開張招生的時候，Bernard 心裡其實還是很忐忑，不知能能招到多少學生。因為這從零開始、沒有名氣的教育機構，篩選學生卻甚為嚴格：要寫完整的學習計畫、申請動機，要經過筆試和面試，要看線上教材完成作業，多數學生完成申請流程大約要一個月。

照理說，不應該刁難客戶，應該要儘量方便，但 Bernard 堅持。他認為找到正確的學生、幫學生找到正確的學習管道是很重要的。所以申請流程就是在幫申請者確認：你的想像和實況是否差距很大？你是否能自學？是否邏輯能力夠？是否容易放棄？這個學校要找真的有興趣，而且有能力從頭走到尾的學生。

結果令 Bernard 意外的是，在門檻這麼高的狀況下，每屆都能順利招生。最近一屆的實戰營有近兩百人申請，只有四十三人被錄取，錄取率只有二〇％。而 Alpha Camp 也在去年四月到新加坡開設分校，算是台灣第一個跨出海外的新創教育機構。

即使到目前都營運順利，每天的授課還是有大大小小的情況要解決，課程要不斷地修改優化，經營方式要不斷調整。例如，有些課教完後，發現學生無法充分吸收，就要把教材拆成好幾個單元，並且增加實作。

又例如，曾經有一個學生，原本在南部鋼鐵廠工作，非常有心學習，但是對新技術的上手速度比較慢。在加強輔導後，三個月的教學驗收成績卻還遠不如期待。是要退款？不給結業證書？

Bernard 決定，讓他再重讀三個月，加上許多老師、助教的幫助，終於有了進步。「教育不能只看成果，重點不是他最後到了哪裡，而是他跑了最長的路。這個同學成長得比別人都多，這就是我最想看到的。」從 Bernard 的眼神中，看得出以這個學生為傲。

我看過許多對人生有熱忱、在事業上認真的人，都和 Bernard 有相似的經歷。他們曾經待過和學歷相關的產業，但是不能滿足；他們曾經進入許多人心中光鮮亮麗、夢寐以求的專業，結果格格不入。

到最後，他們走向一個能發揮專長，能施展熱忱的事業，回頭看，指引他們的，究竟是什麼呢？下一章告訴你。

35：事業和世界之間的臍帶

許多年輕人看待工作的方式就是：我每天八小時（有時加班到十四小時）的時間固定賣給老闆，服從老闆的指示，老闆有責任付我薪水，然後隨時間過去我就能升職加薪，撐到退休後就可以安享晚年。

這樣子看待工作的人，很難快樂，很難優秀。

所有的職場經驗都指出，如果你只是為了月薪、退休金而工作，你是不會把這個工作做到最好，你不會特別、不會快樂，而工作上的困難、阻礙與麻煩事，都是阻擋你走向「拿到工資」的目標，你會煩不勝煩。

這個時代的年輕人，應該多用「事業發展」這個詞。無論你是創業，還是到機構上班，你在累積和創造一個東西，叫做「事業」，透過「事業」，我們為自己的生活找到色彩、內容、重點，我們展現自己的才能與性情，我們為自己和他人營造更好的生活，我們讓世界理解「我是誰」。事業，是我們和世界連結的臍帶，我們貢獻給世界，世界因而餵養我們。

要進哪個企業？要投入哪個產業？要發展哪個專業？有人隨波逐流，有人看薪資，哪裡高就去哪裡，有人看他大學的科系，既然學過什麼就進相關的產業。

從馬雲、寇斯卡，Bernard和許多我訪問過和閱讀過的例子，我看到一個結論，薪水數字、公司頭銜、科系專業、大環境的流行……在規畫事業發展上，這些都無關緊要，你需要看清自己和這個世界。

看這個世界哪裡有需要，哪裡還不夠好，哪裡還需要改變和改善，哪裡需要我？

世界很大，選項和可能性無限多

Bernard和我分享，可以怎樣觀察世界的需求：「多少人有同樣的問題，這個問題痛不痛，這是長期而經常的，還是偶發短暫的？評估市場需求大致上就是這個思維，其他都是工具方法。」

另外，看清你自己是什麼樣的人，你想用什麼方式發揮自己，你想為什麼做貢獻，你想改變什麼？

Bernard回想，他曾經做一些缺乏熱忱的工作，他不覺得解決這個問題真的很重要，當工作只為了賺錢，他的工作就一點也不會快樂。工作遇到問題與麻煩事的時候，都需要「勉強自己去解決」。而顯然，勉強自己去做的事，常常是「及格過關」的水準。

他是這樣談起現在的工作心情：「當我在世界上，找到一個自己真正在乎和認同的事業，我一早起床，腦袋自動開始想怎麼讓它更好，想法可以源源不絕。當我解決問題時，我不會覺得這是浪費時間，解決問題、把事做好的本身，就是我希望達成的事情。自己的事業和內心最深處是否有連結，自己一定會知道。」

要找到這個世界上的一個錨，一個和你內心與特質相扣合的事業，這不會是做個測驗、填一張量表，就能有個簡單答案。

請廣泛了解世界，像寇斯卡那樣閱讀資訊，了解世界各地的現況與困擾；或是像馬雲那樣參與和體驗世界的運作，如果有機會造訪異地，別只顧著吃美食和自拍，也看看他們缺什麼，或是有什麼是我們缺乏的；或是像Bernard 這樣深入了解商業，並勇於嘗試和體驗各種事物。

然後，請在意你自己的感受，對於一則新聞、一篇故事、一個現象，你的感受如何？你感到快樂還是悲傷，你覺得忿怒還是振奮？你是否願意投入力量為你看到的事物做些什麼？我講的不是去抗爭，不是撒冥紙和砸雞蛋，而是發展一個事業（可能是創業，也可能是加入既有公司），然後用各種方式學習、成長、進步，做出貢獻。

當你和這個世界間，因為你的事業而有了堅固的聯繫，像一條臍帶連結母親與嬰兒，這就是你的優秀和卓越，它會滋養你的人生，你對這個世界不可或缺。

我問 Bernard，他親身創業，參與大公司，又看過這麼多創業團，現在的年輕人應該如何找尋機會，找到市場需求？他這樣說：

「其實從來不缺機會和市場需求，重點要從你關心什麼、重視什麼、想幫助什麼人、想解決什麼問題。如果你在乎這件事，你一定能發現它現在還不夠優良、不夠方便、有進步空間。

你去改良它，讓它更好，這就是你的機會。

36：變化來到，大機會

究竟「職涯（career）」該長成什麼樣子，其實我們的想像需要不斷迭代更新。

如果今日還在「轉行」二字中讀到負面意涵，那是思想落後；認為一人一生只能有一種專長，讀什麼科系就只能做什麼樣的工作，則是人力資源思維上最大的錯謬。

在實際的專業界，我們看到大量的例子，無論是工作領域和大學科系不相同，或是職涯路程中轉彎換跑道，許多人不是「走投無路」逃走，而是挾著優勢迂迴進擊。

滄海桑田，所以今是昨非

在台灣，進入理工學院，往往意味著日後成為工程師，但台灣學生往往很晚才知道（甚至有些從來不曉得），其實讀工程是成為商業領袖的捷徑。據統計，美國前五百大企業，有三分之一的執行長都是工程背景。工程背景不僅讓這些人熟悉科技知識，同時，也讓人擅長分析與系統性思考。

儘管工程師有諸般長處，但若純粹只有工程師經歷，往往思考偏重技術、製程、成本等方面，忽略市場與使用者體驗。工程背景的人若想成為理想的ＣＥＯ，往往要在某個時期歷經業務形態的工作洗禮。

愈是優秀的人，愈常南征北闖，為自己開拓新地界。他們將一個領域的知識和才能，帶到另一個領域發揮。因為他們和工作環境中的多數人不同，所以能發揮更高的價值。古人說得對：石頭要滾，才不會生苔！

最古早的思維，職涯是一個蘿蔔一個坑，蹲在裡頭一輩子。後來，或許我們可以將職涯視為一條登山長路，只要走上了，跪著也要走完。再後來，也有人看出職涯其實是樹狀分枝，從一個起點，可以走向多種專業分類。

準備好：不務正業

現在，對愈來愈多人而言，職涯如同蛛網棋盤，我們可以在專業與專業之間平行橫躍，或是同時發展多個職涯路線，在同一個人身上進行多角化。例如，表演相關的事業：模特、主持、歌手、演員、導演……不少人在這些身分間遊走，這早就不是奇聞。

一個台灣人還頗為熟悉的藝人吳尊，就更進了一步，他本身的演藝事業跨模特、演員、歌手，這不特別。特別的是，他從十七歲開始就成為創業家，經歷有起有伏的四次創業，現在仍然積極經營健身俱樂部。他當然不是特例。

港星古巨基，近年來比較少在台灣宣傳

與發片，但他在香港一直是領袖級的藝人。他除了演藝事業中所有的角色已經做遍之外，他還是個設計師和漫畫家，都不是玩玩而已。他的漫畫（加小說）創作已經出版十二本，而他在設計師這個身分也極有成就，他曾受 Sony 等公司邀請合作設計商品，得過專業獎項肯定，甚至還創辦服飾品牌：SOLO CELEB. 及 HTDG，他在香港開了兩間門市，販售自己設計的服裝。

蜚聲世界文壇的作者艾倫．狄波頓（Alain de Botton），原來的頭銜是哲學家，但卻以小說家的身分成名，後來寫了一系列的書籍，以宗教、美學、哲學為切入點，探討人生難題。之後，他參與紀錄片製作、擔任策展人、撰寫專欄，用各種可能的形式，探討這個世界的生存之道。

今天，職涯已經不能被視為一條鐵軌。職涯是一座森林，是一片沙灘，是都市裡四通八達的街道巷弄，人人可以發明他的走法，看到獨特而精采的風光。

「不務正業」，在過去是一種指控：做工程師就該一輩子做工程師，其他的事不需要懂、也不該碰。但是在未來，「不務正業」將是一個讚美、甚至一種必需的特質，工程師可以懂美學，不妨學商業，關心生態更好，特色就是競爭力，以自我特質為核心的特色經營，就是職涯發展的指南方針。

第四篇 容我提案：突破，創造無限可能

世界比你想得還要廣，換個腦袋就能換個位子坐。

我經歷的教育是，系統性消滅「我的人生很重要」這個想法。

從小，我們被迫花大量時間學習與思考，對我們人生「相對」不重要。例如三角函數，例如方塊從斜坡滑下的速度，例如《長恨歌》中的修辭法。

那些對我們人生極端重要事情，從小到大，多數人會和我們說：不重要，不要花時間想，別鑽牛角尖。這類的事情例如，我們要過什麼樣的生活，人生目標是什麼？

我經歷的教育，自始至終前後一貫：阻礙我們思考人生，甚至誤導我們對人生的判斷和規劃。

國小頭腦還沒長好不算，從國中開始會想問我要過什麼樣的人生，老師會說，不要想那麼多，把書讀好，考試考高，進個好高中。高中思考自己的未來，老師會說，不要好高騖遠，把分數考高，進好大學再說。進了大學，又被督促要上研究所。

除了推遲和阻礙，更糟的是誤導和偏見。

「你既然是〇〇畢業，那你就務實一點，有份安定的工作，可以了！」「你既然這麼會讀書，就應該要做〇〇啊。」「考了這麼高的分數，你不讀〇〇不是很可惜？」「做我們這一行的，就是要進〇〇公司才有發展。」「某學長，年紀輕輕就做到〇〇，真了不起。」說的人這麼斬釘截鐵，看起來這麼為你著想，真的很容易就跟著他們的聲音走。

很多人就這樣對待自己的人生：輕忽、隨便、見異思遷、人云亦云、隨波逐流。

等到三十、四十好幾，發現自己走上一條自己不想走的路，只能咬著牙忍著，忍到什麼時候？忍到退休，忍到自己的精華歲月逝去？

如果我們看清這件事，我們該怎麼為漫長、充滿挑戰的人生，做最好的盤算和思考？

37：學會上臉書、搭訕人

「美國紐約華爾街的投資銀行，是世界上最看重學經歷的地方。這些公司審履歷的第一關，通常在十秒內決定。他們只挑名校ＭＢＡ或財務工程學歷，學經歷不夠亮眼，想進第二關是不可能的事。」短期回台的彥傑和我說。

彥傑本人原來也是他口中「學經歷不亮眼」的那一類。他卻進入紐約投資銀行，從小分行一步一步爭取到中大型公司。

我問他如何突破限制、找到機會，他先給我幾個關鍵字：搭訕、講碎話、玩臉書……咦，這是什麼邪魔歪道？

彥傑在台灣長大，因為家中的期待而就讀工程，考大學時表現不算好，考上中正大學工程類科系，讀得痛苦半死，下定決心不當工程師。畢業後他在房仲業工作一年半後，決定讀碩士。

他進入美國福坦莫大學（Fordham University）一年制的財務碩士班。福坦莫大學商學院大約全美排名五十，全世界大約一百。他讀的碩士班也不是正規MBA，學程不到一年，沒有學年間的暑期實習機會。從大學到碩班，彥傑都沒有投資銀行界看重的學歷。

畢業後，他決定在紐約銀行界尋求發展，考量他過往的學經歷，這接近小狗闖入獅群搶肉吃。他一開始四處碰壁，發出的求職信都石沉大海，沒有回音。這個時候，他才驚覺自己要開始學習、練習「找工作」這回事。

於是，他開始觀察身旁的人怎麼爭取機會，如何在工作上表現良好。他發現，原來那些「不傳統的路」，才是他的「發展正途」。

首先，彥傑了解社交軟體（臉書和 LinkedIn）已是找工作的重要途徑。在他找不到工作機會時，就是在臉書上看到實習工作的訊息，立刻回覆應徵，十分鐘後有人打電話來初步交談，第二天就和當地主管面試。

彥傑說：「面試過程，其實在人資點開我的臉書頁面就已經開始了，如果我平常在臉書上亂發沒營養的照片，人資可能不會和我聯繫。另一個角度，臉書也有利我準備面試，因為透過臉書，我也能觀察對方，了解工作環境與風氣大致如何。我也有心理準備。」

後來彥傑換兩次工作，都是不太熟識的「網友」介紹與牽線。他工作後開始積極認識校友、學長姊、台灣人、華人……。他發現只要寄出朋友邀請通知時，認真說明兩人之間的關係（同產業、同學校……）、為什麼想認識對方（想了解對方的公司、想請教工作機會……），對方通常會接受，並且或多或少回答一些問題。

當然，彥傑也是從犯錯中嘗試擴大人際圈的方法。他曾經一口氣寄出五百封朋友邀請，結果有好幾位回報他騷擾，於是他被暫時停權。

因為彥傑找到合適的方法，將陌生人變網友，可以和他們打聽工作資訊、透露自己想找什麼樣的工作。他不斷積極嘗試，總會探聽到消息，遇到有人給他機會。他第一次換工作就是如此，彥傑的華人朋友，介紹他到一位香港裔美國人開的小型投資銀行，成為他進入這專業領域的進身之階。

之後，彥傑靠臉書爭取到一間台灣銀行美國分行的實習工作。接著，他又透過 LinkedIn 爭取進入小型投資銀行，實際開始投資、估值的工作。不久前，他透過自己的人際圈轉介進入蒙特婁銀行（Bank of Montreal），那是加拿大第四大銀行，在美國也頗有規模。這整個過程，三次轉職，是在畢業兩年內發生。

彥傑告訴我，現在證明自己、爭取機會的方式和以往不同，至少和他在台灣當學生時的認知，大異其趣。

人脈幫你走向目標，裝熟不會

彥傑親身經歷幾次工作轉換，他體會美國工作環境中的規則和習慣：練習拓展人際圈、認識陌生人，塑造自己成為進退得宜的人。

例如，彥傑在讀研究所的時候發現，學校、系辦、學生組織……常辦各式各樣的聯誼活動、校友返校活動、師生聚餐活動。一開始他覺得參加這些活動頗累，一點也不「休閒」。後來才發現，這些活動的主旨，不是在休閒，根本是「與人互動」的演練大會。

在這些活動中，彥傑認識校友、不同族裔、不同年齡輩分的人，並且練習和他們交談相處。是的，這是要練習的。單就話題來說，彥傑原本只熟悉台灣的相關話題，後來發現，要和各種人有話聊、要能發展成對話，他得從他的小框框走出去，關心美國人關注的話題：運動賽事、政治八卦、產業議題。

「不要小看聊天，美國人叫它 small talk，其實聊天可以看出很多事，」彥傑說，「你可以看出這個人關不關心產業近況、看出他是否能順利融入團體、看出一個人是否幽默、是否擅和他人相處。美國人認為工作中，能力只是一部分，人格特質、融洽相處是更重要的。美國的教育環境不但強調、看重這樣的能力，而且不斷給學生機會去展示、操演。」

因為彥傑刻意訓練自己，如今，他已經掌握如何快速和陌生人找到連繫、發展話題、互相認識的方法。他曾在買菜時，看到一個人穿某銀行標誌的衣服，就主動搭訕，聊這銀行的相關新聞，對方發現是同業也樂於交談，一席話後，兩個人就互加了 LinkedIn。

「因為我在這個銀行認識了一個人，就可以透過這個聯繫，接觸他的朋友和同事。」彥傑說，「只要我在這個領域有好的工作表現與同儕口碑，就算今天沒有在最理想的公司和職位，但我步步為營、慢慢前進，就會不斷靠近我的目標。」

這場談話，最後還解答我長期的疑惑：「為了工作目標交朋友，建立的人脈是不是有點虛偽呢？畢竟這樣的朋友，其實沒有友誼基礎。」

我現在理解，這是教育和工作思維很深的差異。台灣的教育環境讓學生認為，要讓別人看得起自己，就要拚亮眼的學歷，得到權威機構的認證。但是美國的教育環境強調，要讓自己被重視，除了學歷外，專業能力、互動相處的技巧、友善積極的人格、都是重要的資產。而這項資產，是無法量化標示的，它要靠旁人的觀察、鑑定。

在這個思維下，人脈根本不是和不熟的人假裝有「友情」，「人脈」是積極站到顯眼處、站到人們面前，爭取被更多人觀察、鑑定的機會，讓自己的能力、特質、長才展現給更多的人看，爭取更多人肯定的過程。當這些人看到你、肯定你的能力，你過往的學歷就沒這麼重要，你該有的頭銜，遲早要補給你。

這樣的見解，不僅發生在美國、不只是一個年輕人的經歷。一個國際企業的資深高層也有相似的觀察。

38：當正式管道不通，走偏門！

「一般具規模的企業選人，是不是會看學歷？」「會。」

「是不是有出國留學、碩士學位，就比國內大學畢業更容易拿到機會？」「可以這麼說。」

「台、政、清、交、成這些較有聲望的大學畢業生，是不是在業界有就業優勢？」「大致上沒錯。」

「如果這樣，那為什麼你剛才說：在業界工作，學歷不定義成就，不是限制、看輕自己的藉口？」我的好友 Albert 兄（D-Link 全球總公司行業方案事業部的資深處長翁溓松先生），和我聊起他眼中的「學歷優勢」。

「舉個例子可以嗎？」對於像我這樣腦子不靈光的人，總需要別人用案例說明：「我們來談談，假設一個名校外文碩士（小台），一個非名校應用外語系學士（小飛）同樣爭取一間科技公司的業務職，誰爭取得到？如果這兩個人在企業界工作，你比較看好誰，誰會得到重用？」

「有趣。」Albert兄接受我的挑戰，「先從錄取談起吧。」

「一般科技業的正常錄取程序，小台的學歷多一級，也出自名校，在人資的篩選機制中，得到面試進而錄用的機會大得多；小飛的學歷不亮眼，剛畢業時確實不易得到面試機會。」Albert兄坦誠，大部分有規模、有聲望的公司，人資部會打「安全牌」，當碩士已經挑不完，名校畢業生多到爆炸，他們當然優先把面試機會給「學歷體面」的那些畢業生，畢竟這樣做比較省力，而且照遊戲（潛）規則玩「零風險」。

「但是，」Albert兄強調，「小飛是不是沒有希望呢？絕對不是。小飛的機會不在遊戲規則裡，正常管道不適合他。」

走後門嗎？要靠關係？出身背景普通的多數年輕人怎辦？「不，非正常管道不見得指靠關係。」Albert兄說，「其實，找工作的管道，到處都是。」

小飛如果有心進一家公司，正式的管道沒給他機會，路就死了嗎？不。他可以針對該司的產品、策略、脈動做研究，而這些資料，中大型公司隨便google就一大堆。接著，他可以參加這間公司高層人士的演講，在演講後都會有聽眾提問，在台灣，放心好了，通常都沒有人舉手，這時候小飛如果可以搶先舉手，以一個非業內人的身分，問一個稍有水準的問題，你說這個演講者會不會對他印象深刻？

影歌星演講後會被簇擁，但企業人士演講完就被晾一邊無人理。這時小飛若上前補問一些問題，聊一聊他對該產業的認識與興趣，他大有可能要到一張名片，上面就有 email 聯繫方式了。之後再將資料備齊，禮貌聯繫詢問是否有機會在該公司實習、工讀，可以和誰接洽……小飛一直試下去，總會找到人「給他一個證明自己的機會」，而且門路並沒有想像中的森嚴封閉。

39：懂得變通才是商業奇才

其他的機會還包括商展、LinkedIn、企業臉書粉絲頁，都是小飛接觸企業內部人士的管道。Albert 兄說：「是否走正式求才管道，根本不重要，重要的是，你要傳達出為什麼想進這間公司、你將對這間公司有何貢獻。你要做的功課是：有說服力、有憑有據說服給你機會的人。」

許多業界人士的經驗是，業務、創業、事業開發最需要的「商業素養奇才」，通常最不愛被社會條框限制，他們會迂迴找路，嘗試大家不會做的事。

Albert 兄說，「我最愛用這種人，因為他們不會傻傻等你說一動做一動，他們自己找目標，自己想辦法。這種人在正常求職管道中很難找到，他們都是用意想不到的方式出現在你眼前，而且都準備充分、充滿鬥志。」

那工作成效呢？是不是小台的工作能力，

應該要比小飛好呢？「那也絕不一定。」

小心謹慎、循規蹈矩、說一動做一動的學生，在現今的教育體系比較容易成為「優等生」，但這些特質和業界極為重要的「商業素養」截然不同。

Albert 兄舉了個例子：在赴歐洲出差前，需要聯繫一家當地企業的主管，見面洽談可能的合作機會，這封要能破冰、還要能搭上線，促成雙方見面的電子郵件該如何寫？小台寫了一封信，格式正確、措詞優美、文法精準……這些當然很好，但這封信祕書仍然可能收到後就直接忽略。

反之，假設小飛寫了另一封信：一開始從兩家公司重大的「共通點」切入，例如提到雙方主管的交情、雙方共同的合作伙伴，更在信件中精準提到自己要談的事情，在對方企業的策略、危機、商業發展中有多麼重要。如果小飛寫出這樣的信，他見到對方主管、達成使命的可能性將會大增。

如果和對方主管見到面，僅僅「英文很好」也不代表「有效溝通」。

在企業界的談話中，除了特殊時刻的私人交流，否則真的很少會用到文學分析，不會演出莎翁戲劇，不需要吟頌十四行詩，名校外文系可以把小台教成這方面的高手。但商業英文是商戰對話中的情境，這完全是另一番挑戰了。

「對方主管可能是印度裔、日本籍、義大利人……總之有濃厚的各地口音，這些你是否都能聽得懂？遇到對方英文不好，你能不能用最簡單的字詞表達，讓彼此順利溝通，卻不發生誤解？對談時，對方可能會感到疑惑，需要更多說明，或是感到不快，你是否能即時感受或偵測到，還要能快速且適度回應對方當下的困惑或質疑？」

這種商場上臨場表現的本事，整體稱為「商業素養」，是真實市場開拓商機的關鍵能力，其中的決勝條件，到最後全跟學歷無關，重點在一個人有多用心、認真、能夠為對方設想，以及多渴望促成交易或合作。

商業素養，無關學歷

Albert 兄總結：「英文程度良好，寫出很典雅的文章，只得到對方對英文能力的肯定；商業素養卻會讓你說出讓對方感興趣的關鍵字，引起對方的興趣，促成一件商業合作。」

其實，商業素養不必在學校學，一個聰慧的年輕人，可以在職場、商場運作、資深人士的經驗傳承中學到。

商業素養甚至和學校、學術場域的運作模式相反。台灣學校教的通常是有標準答案的知識。商業中最重要的是「了解需求」，而需求沒有標準答案，不同的顧客、不同的處境、不同時間、不同市場，就有不同的需求，「商業素養」就是在各種情境下快速、精準、深入地理解對方需求的思維技巧。

工作環境中，Albert 兄認為，商業素養這個因子遠遠比學歷重要得多。「有一些人總是以為應用外語系只是英文不夠好的外文系，」Albert 兄說「其實在我眼裡，『如果』應用外語系中，有足量優質的業界老師，讓學生理解什麼是商業素養，並教學生如何在商業環境中運用語文，這個科系將會培養出產業極需的生力軍！」

「可否再舉幾個例子，如果一個有商業素養的人，會如何在商業環境中運用語文能力呢？」我問。Albert 又給了我幾個例子。

例如，中大型、跨國企業常出現這樣的情

況，一個複雜的英文信件討論串裡，十幾人在討論、丟意見、爭辯……，如果沒有刻意整理，很容易陷入混亂。這時候，有個人適度地為大家整理出討論的結果，哪裡做了修改、結論是什麼、為什麼修改、哪裡還沒結論，並把重要的數據資料整理成試算表放在附件，這絕對會在同仁間獲得相當的認可。這和語言能力關係不大，重點在你有沒有意識到需求，然後果敢採取必要行動。

又例如，同樣做簡報，或是和顧客一對一說明溝通，並沒有必然的正確或最佳方式，對年輕人可以態度隨和、語調輕快；對年長者態度尊重、語調和緩；對日本顧客嚴謹莊重，對美國客戶可以較幽默輕鬆。在商業環境中的溝通，不須精深的語言能力；擅於依據不同的環境、不同對象的需求，採取最合適的溝通模式，才是更重要的。

最後，回到一開始我和 Albert 兄的爭論。在「正式管道」的求職中，確實明顯偏好那些學歷耀眼的人。但如果能培養「商業素養」，創造出「非正式管道」，突破縫隙也是可能的。而且在企業中，一般學校學不到的「商業素養」，反而是看出一個人是否能脫穎而出，立功成事的關鍵。

在廣大的產業界，沒有亮眼學歷、特定背景或強大關係的人，絕不要就此看輕自己。長期而言，亮眼學歷不足恃，那些有高學歷但缺乏「商業素養」的人，進業界後常常碰得頭破血流，或是日漸平凡黯淡，那些擁有「商業素養」的人，卻得以持續為自己突圍過關、創造高峰。

40：關鍵是，弄清楚學習動機

我們勤奮不懈、吃苦耐勞、早睡晚起、離鄉背景，無論是努力讀書或是認真工作，這個世界不斷要我們，再跑快一點！再努力一點！

但是，我們到底追求什麼？到底為了什麼？在我們滿臉汗滴、筋疲力盡的時候，仍然不能停止向前奔跑？到底是為了什麼，讓我們心焦，讓我們害怕自己到達不了？

關於這個問題，市面上有好幾種說法。

說法1：我們追求找得到工作

有公司企業聘僱、考進公務體系，拿份薪水，有個頭銜，做份差事，可以養家活口生兒育女，最好還有份安穩豐厚的退休金。

如果你打開人力資源網站、閱讀職場專家文章，專業資格考達人經驗談……他們眼中的人生，大概就是這樣。

有些人不能滿足第一種說法，對某些人來說，「找到工作」根本不難。事實上，台灣超過九成的年輕人能找到工作，其中許多人即使有工作，仍然對自己、對工作、對生活有極大的不滿意。

說法2：我們要追求職場上傑出優異

要進知名企業、大公司，升遷比別人早，加薪比別人快，頭銜比別人響亮，房子比別人寬闊華麗，國際商務旅行次數比別人多，要證明自己成功比別人有才幹，在同學會的時候得意出席，然後讓老同學都黯然失色。

如果你打開各種成功學書籍，許多關於「成功人士」的案例報導，你可能會發現當他們在談「人才」、「成功」的時候，這是他們隱而不宣的內藏定義。這說法在台灣可謂相當主流。

但是仍然有些人不能滿足第二種說法。對他們來說，外表看起來的成功不是目標的全部，被羨慕、被肯定、被別人說「好了不起」，都無法掩藏心底的空虛。或者，他們並沒有意願為了在表面勝過別人，犧牲健康、勾心鬥角、日夜操勞。

說法3：我們追求的是快樂

我們工作不是為了被折磨，不應該失去自尊和自由，沒有理由為工作折損健康和犧牲家庭；工作不但帶來成就感，更應該和自己喜歡的團隊一起工作，做有興趣的事情。工作也不是為了贏過誰，而是經營生活品質的基礎，在生計無虞的情況下，可以好好過生活、陪伴家人孩子。

雖然沒有很多人，把這種生活目標寫成書籍、當成範例，但是不少人心中都隱隱然認為這是理想的生活狀態。

但這個說法仍然不能滿足所有人，他們心底有個直覺：人生好像不只是自己愉快活一回。在舒適的家中，他們可能想到有人無家可歸；吃著精緻的餐點時，他們可能擔心整個社會的食安；他們看著孩子，會想著健保制度、社會公平、經濟前景……。

說法4：我們要追求意義和貢獻

有些人希望自己的工作不只是賺錢，更希望能貢獻於某個群體、社會大眾、世界所有人群，甚至大自然以及各種生物共享的快樂。他們希望自己的工作本身有意義，能夠留下一些不隨時間消逝的東西，讓自己肯定、自豪。

在新聞、書籍、影片、雜誌報導中我們有看過這樣的人，他們做出一番了不起的事，不只成就自己，更照亮這個世界，讓別人生活得更美好。

有一些人，天生無法只追求溫飽，甚至事業上的傑出與成就，都不能滿足他們。他們希望得到幸福與快樂，也希望幫助別人幸福快樂，希望工作成就有意義和貢獻。如果他們做不到，他們的不快樂、不幸福，空虛感會折磨他們，不斷在心底提醒他們：「你是不是少做了什麼？」但這個世界，他們的成長環境，一點都沒有指引他們如何面對他們心裡的驅策，更沒有提供一個方案，讓他們追尋能同時找到成就感、快樂與意義的職涯。

我是這種人，我身旁也有很多這種人。

不需要取捨的「全局解方」

如果一個年輕人悄悄在心底想過「到底要追求什麼」，想追求的不僅是有份工作、不僅是名利收入，還想追尋快樂，甚至意義與貢獻，這個人的成長過程，很可能感受到的是忽略、責難，甚至打壓。

教育體系、社會氛圍，甚至一般父母，常用出於善意的武斷，面對思考這個問題的年輕人。在我們人生的前十幾年，我們被告知：「不要想不要問人生要追求什麼，只要好好讀書，之後什麼都會有。」我們曾經被誤導幻想，只要把成績讀好，只要從好大學畢業，只要學歷出色，就可以追尋到我們想要的人生。

有人會讓我們以為，如果我們的成績不夠好，沒有從好大學畢業，我們就沒有資格追求好的人生與生活，也不被尊重、沒有成就感……這一切會是理所當然的，我們就只配那樣的人生。

這些想法是狗屁。

我很少在文章中寫粗話，但這些想法之荒唐錯誤，用「狗屁」形容還嫌太斯文。

那些稍有思考人生目標的年輕人，常得到的不是鼓勵與期許，而是從四面八方被澆冷水。「有工作就要好好捧著，不要太異想天開。」「先讓自己在事業上成功，樂趣、成就感、意義與貢獻先別想。」最糟糕的是，這樣的見解，許多人相信了，於是放任自己的人生被壓碎和扭曲，被四分五裂和拍賣交易。

許多優秀的年輕人，他們的命運就是這樣。還在學校的時候，時間和心力在一次一次小考、段考、升學考中磨耗，不思考、不碰觸未來的事業開展。

當他們一離開學校，就須立刻受僱、然後成為「優秀傑出」的人，開始衝刺競爭。在這個過程中，他們被告知堅持原則是傻子，犧牲快樂與興趣沒關係，犧牲對意義與貢獻的追求是必要的，做人不要太「不切實際」。

年輕人需要知道的是：我們可以有一個「全局解方」。在這個時代，我們可以有一番成就，在工作中找到樂趣與幸福，同時滿足意義和貢獻，當然，從收入中賺取生計。這一切，其實不用無奈取捨或放棄。

我們的人生可以不那麼多扭曲和犧牲，如果我們對人生有更高的期待。是的，這是可能的，無關學歷，無關分數，而且即使是在這個不景氣、被戲稱鬼島的台灣。

「全局解方」不但是可能的，而且也許有方法可以達到。

41：雜學的大用處

在前幾篇中，我們探討了為什麼台灣的學校失靈，並且討論了這個時代在學校外的學習方法、找尋事業方向的方法。在最後這一篇，在本書結束前，我們要談最重要的：「全局解方」如何找尋經營。

我這兩、三年訪談過不少我羨慕和敬佩的人（包括本書中的不少案例），他們某程度找到了他們的「全局解方」。但最後，我想集中心力談一個例子，一個不到三十歲的年輕人，他是怎麼找到他的全局解方，他做對了什麼。

林大涵，他成立台灣第一個（規模最大的）眾籌顧問公司「貝殼放大（Backer-Founder）」共同創辦人及執行長。在貝殼放大營運的第一年，就協助超過五十個專案，募集超過一千萬美金，占台灣眾籌資金總額的六成。

節錄 30 under 30 Asia《富比士》

二〇一六年二月下旬，知名財經雜誌《富比士》（*Forbes*）在全亞洲選出三百位三十歲以下的青年創業領袖。名單上有三位台灣人，其中一位是林大涵。因為我和大涵有許多共同朋友，所以在名單公布當天一早，就看到大量的朋友留言恭賀。

今天，大家看到林大涵的團隊獲得肯定，許多創業團隊在貝殼放大的協助下，成功啟動起飛。但卻很少人知道，林大涵兩次讀大學都沒能畢業，他曾經深陷茫然和自卑，而今天他走到這一步，是因為學會了一件學校、課本、老師都不會教的事。

我問林大涵在工作前是個怎樣的學生，他自己說：「懶且爛」。本來以為他是謙虛，但當我聽了他的故事，也覺得有道理，如果我是他的高中、大學同學，也許我也會這樣評價他。

大涵高中就讀師大附中，他沾醬油式地跑了很多社團，都沒深入參與，最後和朋友搭檔參選學生會，成為副會長。在學生會期間，他和會長發生磨擦與爭執，而且因為學生會的事務，和老師們的關係也搞壞了。整個高二到高三，林大涵都無心上課：「我一進校門，就立刻換便服到網咖打電動一直到放學。我讀文組，自己讀書功課都還過得去，排名大概在全班中間。」

升大學時，林大涵上了政大民族系，他一點也沒有認真上課，花了大把的時間打棒球，到了大二下，他被二一了。本來老師主動提出給他一次機會，但大涵對自己太失望了，自願被退學。他進重考班，準備一年後，進入台大圖資系。

林大涵在台大圖資系有學乖，好好讀書了嗎？沒。他再次讀大學時已經二十二歲了，同年的朋友都大四要畢業了，而他才大一。因為極於找尋成就感和自我定位，他投入「台大藝術季」的籌備團隊，大一當上第十六屆台大藝術季副總召，大二當上第十七屆的總召。他投入許多時間，焦頭爛額，甚至賠錢。

第十七屆藝術季，在林大涵策畫下，台大藝術季和台北市自來水園區親水節的開幕活動一起舉辦。依共同擬定的合約，台大藝術季將召集一個兩百人的表演團隊，在親水節開幕中表演森巴遊行，開銷最後由親水園區委託的行銷公司支付。

但活動結束後，行銷公司卻以「沒蓋老闆個人私章，合約程序沒走完」為由，拒絕付款。結果，林大涵以及整個籌備團隊，墊付的錢全都無法支領核銷，學生團隊和行政人員，全被拖下水，多多少少都賠了錢。

他原本光鮮亮麗的外殼被打破，心力交瘁還被倒打一耙，遇到歹人又不夠小心，連累了身旁的人。林大涵在大學的最後一年，他差點選擇人間蒸發，徹底消失。

很奇怪吧，都到大學的最後一年了，怎麼還看不出來，到底這位當年看起來相當失敗的學生，是怎麼成為今天的「富比士嚴選青年創業領袖」？

課外實戰經驗磨出來的專業

原來，林大涵從高中到大學，雖然無心課業，但卻大量參加學生組織運作，而且把一件事做到幾乎專業的水準，後來竟然應用這個專長發展出個人事業，這專業是：籌錢。

他在高中就接觸學生會，雖然磕頭碰腦、跌跌撞撞，但他總是擔任過副會長，在多數高中生都自閉讀書補習的時候，他就在試著負責做事、協調、溝通、獨當一面。

在政大那兩年，林大涵確實蹺課到不行，但是他在卡片遊戲社、政大春季棒球聯賽，都扮演重要角色，也負責卡片遊戲社辦比賽時的贊助。

因為之前的經驗，林大涵進台大讀大一的時候，已經不是白紙一張、毫無經驗的小毛頭了。那一年，他為第十六屆台大藝術季寫贊助計畫書前，他把往年藝術季所有紀錄全都翻出來：過去的贊助名單、書信往返內容、回饋贊助者方案、媒體曝光與報導、學長姊的經驗和檢討……全部都看過一次，他才開始寫計畫書。他強調：「我當時不是把之前的計畫改一改，而是重擬一份全新的計畫。」

以第十七屆藝術季來說，當年預算兩百三十萬，學校給六十萬，一百七十萬要由這群學生團隊拉贊助。「當時學務處下的學生活動中心主任、承辦員廖哥，都很積極幫忙我們，他們甚至比一般商業界人士還積極。因為這些幫助，我和策展團隊有機會和其他企業溝通及募款。加上有些周邊產品賣得還不錯，如果不是那個合約出了問題，其實整個活動本來有盈餘。」林大涵的語氣，一方面扼腕，一方面又為當時的成果感到驕傲。

「因為有籌到足夠的經費，整個活動可以辦得非常精采。在第十六屆的時候，我們在總圖前的振興草皮上，建了一座「光屋」做為展覽空間，那是個三合院式的組合屋，能獨立發電，中間有舞台。在十七屆的時候，我們在振興草皮上建了十二公尺長、九公尺寬的舞台，連續演出一整個月，總共有大約八十場演出，學生組織能做到這樣的規模，都是令人意外的創舉。」

然而也許你會問，為活動募款的經歷，無

法化為分數、名次、GPA，有用嗎？「籌錢」這種不登大雅之堂的技能，能成什麼事？

將專業與世界潮流結合

在最近幾年全球經濟變遷中，台灣的經濟和產業舊路走到盡頭，精進轉型無力，拓展提升無方。年輕人拿二十年來不漲只跌的薪水糊口，有能力的人競相移往海外。在這個暗淡的大環境氛圍中，少數積極年輕人跳脫公務員、傳統大公司的就業習慣，投入新創事業，希望跑在科技、文化、風尚、世界格局變化的前頭，做出一番事業。

如果你曾經開創任何事業，就知道「籌錢」這件事多麼重要。過去，如果你有很好的創業點子，或是有個對社會有益的計畫，需要的資金可能要和親友融資，或是和富豪募款，如果你運氣不好，沒這些管道呢？

創新事業，須要有新點子、同伴團隊、資金，以及能把產品／服務推向市場。對於許多有才華、有熱忱的年輕人來說，有點子、找到同伴雖然不簡單，但只要努力也不是辦不到。但是後兩者，一般年輕人極為缺乏合適的管道和方法。

這就是「群眾募資」出現的背景。

從二〇〇〇年前後開始，因為網路的普及，開始有人直接把點子拿到網路上，向大量的網路使用者直接募款，讓好點子與好產品被更多人看見、支持，進一步成真，這就叫「群眾募資」。在美國，IndieGoGo、Kickstarter等平台先後設立，在台灣，最大的平台則是FlyingV。

在二〇一一年八月，正逢群眾募資平台FlyingV開始籌備，林大涵被邀請進入團隊任職，他還記得很清楚，第一個月薪水是一萬三千元。在此之後，他的重心放在事業上，不把台大讀完、不急於拿到學位了。

林大涵在 FlyingV 工作將近四年，在這份工作中，林大涵說得上是「學以致用」，因為無論 FlyingV 的核心業務，或是林大涵的工作職責，都是幫創業團隊募款！

他前後參與大約三百件 FlyingV 專案募資，其中超過七成募資成功，將他們的想法化為實際的商品、服務、活動，貢獻給社會。在這段工作歷程中，林大涵幫助創業團隊募資的勤奮、投入、能力，也得到大量的肯定。

二〇一四年，林大涵離開 FlyingV，面臨找工作或自己創業的十字路口。當他回想自己在「群眾募資」的經驗和觀察，「群眾募資」除了 FlyingV 這樣的平台外，其實還暗藏、衍生其他各種創業機會。

林大涵當時深入研究群眾募資的未來發展，甚至寫了一份完整的報告，他的結論是：群眾募資的需求，在可預見的未來會愈來愈大。

隨著消費者品味殊異，需求逐漸多元，科技發展讓更多樣的新產品成為可能，但一般大型企業的步調仍然緩慢遲鈍，未來只會有愈來愈多年輕人為了實現構想、創造財富走上創業之路。隨著社會對群眾募資的熟悉，也會有愈來愈多人透過募資提案，更多人支持提案並讓這些優質產品實現化。

至於，是否成立另一個類似 FlyingV 的平台呢？林大涵的判斷是：「創造新的募資平台並不是大環境最需要的服務，微信、臉書群組……未來都可能（也許正在）發展成金流工具，都可能替代現在專門為募資而成立的平台。在這種狀況下，其實『優秀募資案件』才是最難得、最稀缺的。」

於是，他決定他的事業應該是一個「優秀募資案件產生器」。

新機會的夾縫中有新機會

二〇一四年底時，林大涵和數位舊同事、老戰友成立了「貝殼放大」公司，利用他們的經驗和能力，為需要群眾募資的團隊進行諮詢輔導。在這個事業中，林大涵募款的能力有機會更精進，並且更徹底地發揮。

林大涵在「群眾募資」這個事業類型進入台灣的一開始，就參與其中，而且在規模最大的群募平台FlyingV專責處理專案四年。這個經驗，讓他成為台灣最了解群募這件事的人之一，在過去許多年中，他的工作就是一直在告訴別人，如何進行群眾募資，以及幫忙提案者克服群眾募資過程中的問題、困難、痛點。

林大涵看了許多募資案，理解到募資案也可能出錯，進而對提案者、平台、大眾都造成傷害。例如，提案者投入了金錢以及時間為募資做準備，推出後市場卻不買帳，這種狀況會讓提案者大受打擊。而最糟的狀況是，在募資成功後提案者沒辦法把專案完成，投資者覺得被欺騙，而將提案者視為騙子（過度承諾），平台的信用也蒙受損失。

「有人以為群眾募資很輕鬆，和大眾開口要錢就好了。其實才不是這樣！提案者是押上信任做籌碼，募資過程受到的檢視註定是嚴苛且壓迫的。那些一直哀叫自己『只欠東風』的提案者，遇到貴人相助後，卻要貴人去喝西北風，當然沒有人能接受。」林大涵說。

林大涵說：「其實群募專案就是一個具體而微的創業過程，相當於一個電影『預告片』，雖然規模比較小，但是宣傳、客服這些細碎的工夫一點也不少。」正好提案者的弱項，正是林大涵經驗與專長所在！

因為林大涵熟識許多使用過群眾募資的創業者，因此他自己做了一份顧客調查，發現募資案進行中，有很多固定要執行的業務，一半以上的創業者無心無力執行，都希望委外製作，例如：回饋製作、回饋寄送、收據開立、文案編寫、平面設計、募資影片製作、活動規畫與配置。

當林大涵研究大環境的需求狀態，對照自己（以及創業伙伴）的知識、經驗、技能與熱忱，他決定自己該成立的是一個針對群募案件的顧問輔導公司，幫助市場挑選有潛力夠務實的提案，再幫好提案打磨成可以成功募資的狀態。他們公司可以讓提案者、大眾、平台，各方都受惠。

其實最令我著迷，也最難能可貴的是，林大涵與貝殼放大團隊並不是「競爭中的勝利者」，他們不是複製了誰、打敗了誰，搶了誰的地位和市場份額。他們在台灣，是獨立創造發展出一個服務與業態，不但自己在工作中取得成就感，而且能對他人、對社會有所貢獻。

用這麼多篇幅來闡述林大涵，我不是要說他有什麼了不起、多優秀。其實不然，事實上，我仔細描寫的、也是我要說的是：這世代的年輕人，已經有一些人為自己找到了「全局解方」。

42：全局解方：不專一、多方嘗試

人生除了讓自己滿意外，沒有其他更重要的事情了。

但你要如何讓自己滿意？這件事，每個人都不一樣。

你只要有個工作、有份收入就對自己滿意嗎？請去閱讀一般求職書刊；或者你希望在工作上傑出有成就嗎？請閱讀各種成功學，不顧一切拚下去，多半也會成真。

但是如果你想要在工作上有成就，同時保有樂趣與幸福，又活得有意義與貢獻，那你慘了，在這個教育環境、工作文化下，你可能茫然無措、四處碰壁。

大多數人可能會說：不要做這種春秋大夢，這是不可能的！或者他們會說，你先把學歷搞好，收入問題解決，有權位之後再來思考快樂和意義。他們會告訴你：為了爭取事業成功而犧牲了幸福快樂，在拚搏事業的過程中覺得空虛迷惘，這些都是人生不可避免的，你只能忍耐和學著忽略。

他們會說：「你不能改變世界，你只能改變自己適應這個世界。」

這句話也對，但如果你的解讀是：「變得和世界多數人一樣」那就糟了。這個觀點很可能害你不快樂，出賣意義，連優秀都達不到。正確的解讀該是：了解世界，用最適合你的方式打造一個「全局解方」（來自英文詞彙 total solution，意指一整套方案，可一次性解決所有相關的問題，畢其功於一役）。

我們再用林大涵做為例子剖析一下。在我的身旁，有一些年輕人正運用他們的智慧創造自己的「全局解方」，而林大涵是其中之一。

他在「群眾募資」這個領域站穩腳根，不但個人的表現可圈可點，而且創辦的「貝殼放大」團隊在成立的前十四個月，輔導了六十二件群募案件，其中有五十八件成功（市場成功率大約五〇%），總額超過三億台幣。其中包括鮮乳坊、ARRC 前瞻火箭、臺灣吧、金萱字型、月亮杯⋯等得到廣大迴響的案例。這樣的成績，連國際媒體都無法忽視。

對林大涵而言，他現在的事業不僅是賺取一份收入，也不只是成功與優勢，他是這樣描述自己在工作中感到的樂趣與充實：

對我個人而言，這是一個很有趣的工作。我喜歡接觸各種不一樣的領域，不一樣的事情。一般來說這好像很難累積專業，但在這個工作上，正好廣度就是深度，我可以和許多極有創造力的優秀人們密切合作，接觸各種領域的個案，用類似的方法原則服務對方，同時不斷累積自己「輔導募資」的專長。我不是個勤勞的人，但我發現只要讓「工作」更有趣，「自律」便會不請自來。

而工作不只是個人所得、成就感的來源，也是林大涵貢獻與分享的方式。

現在台灣社會充滿灰心焦慮的氣氛，都感覺到繼續照軌道走是通往崩毀。有少數嘗試跳出「溫水的青蛙」，他們是這個世代的希望。在這個事業中，我可以遇到這些眼睛閃著光的人，而且陪伴他們、幫助他們完成願望，一次又一次目睹願望從零到一地實現，甚至成為社會和全民運動的起點，這份工作讓我覺得意義非凡。能夠選擇就是富有，被推動的前進是幸運。我沒辦法讓人富有，但可以分享幸運。

三年多前，我開始一系列研究，研究林大涵這樣的年輕人，研究那些讓我敬佩且羨慕的年輕人，他們是怎麼辦到的？

我從小在學校成績極為優良，學歷也是無懈可擊的。但是我在開始發展自己的事業後，我不知道如何在事業上優秀傑出，並且同時讓自己快樂幸福、活得有意義、做有價值的事。

林大涵是這個時代讓我敬佩羨慕的年輕人之一，他們都找到自己的「全局解方」，能同時有專業上的成就，樂在工作，並且對世界有貢獻，活得有意義和價值。

他們達成的方式也和常聽到的見解不同。他們之中很多人並非是從小在校成績上的常勝軍，他們許多人不是「為了生存而順從常規」，他們也沒有「先做些虛偽空洞的事來爭取地位成就，爬高再想怎麼貢獻」。

發展出最適合自己的「全局解方」，是這個時代年輕人的特權，是我們打破困局的出路。

43：跳脫框架，「學習」不設限

某一天，桃園市議員王浩宇，一大清早到火車站附近拍了一張照片，照片中有幾位身穿校服的年輕人在等車。王浩宇議員拍照後上傳臉書，留了這一句話「六點一〇分，辛苦的學生已經在搭車上課。那他們要幾點起床呢？回推八小時，這些孩子的睡眠怎麼可能是足夠的？」

我的作家朋友朱家安轉發了這張照片，並且加註：「出社會兩年以來，我只有兩天在七點前起床。回頭看看，青少年時期早起換取的那些，對我現在一點幫助也沒有。」

王浩宇的照片在一天之內被分享兩百一十二次，被按了四千多次讚。朱家安的那一句話，也獲得將近九百次讚。

教育之後，誰獲得指引？

為什麼大家對這兩句話有這麼深的共鳴？因為我們都知道，花那麼多時間、心力在學校中與考題、課本、講義奮戰，對我們的人生來說，幾乎都是浪費。這個重要至極、真實至極的事，在離開學校環境前，我們通常被蒙在鼓裡。

我過去是極為用功努力的學生。但是畢業後，我內心時常想起這些問題，被這些問題折磨：「我已經這麼努力了，十幾年來從來不曾懈怠，我用盡了全部的心力，為什麼我仍然距離期待的人生這麼遠？」「我找了一份安穩的工作，為什麼就是不快樂？甚至覺得我的人生正在腐爛？」「我的人生只能做些對社會沒影響，對人群沒好處，對世界無貢獻的事嗎？」

在學校期間成績優異，學歷亮眼，但是在事業上受盡挫敗，沒有樂趣只有忍耐，無法發揮價值貢獻世界，成績和學歷又有何用？

相對的，就算沒有讀好學校，甚至少了幾張大家覺得該有的畢業證書，事業上卻能找到成就、快樂、意義與價值，曾經缺少的成績和學歷又有什麼關係？

這麼說，絕不是鼓吹大家「不要上大學」、「成績放他爛」。我強調的是，無論你上不上大學，不管你的成績好不好，年輕人最重要的投資（投注心力、時間、思考），是在自己的事業計畫上，找出「全局解方」。

不要再用成績、科系、學校來界定自己，無論這些標籤是否亮麗，因為這張標籤很快就蒸發失效，留下的只有回憶與惆悵，諷刺與遺憾。

要為自己構想事業標籤：我要為這個世界提供什麼？什麼樣的商品、什麼樣的服務？

食品、教育、休閒、藝術、金融產品……都可以。在一個生產商品和服務的團隊中，我要扮演什麼角色？行銷、銷售、發起人、領導者、設計者、鼓吹傳播者……都可以。

這些答案沒有對錯之分，也沒有優劣之分。你的事業除了讓自己滿意，沒有別的標準。一個農友能把番茄種到一千元一斤，訂單接不完，受到業界的敬佩，這樣的人比天天緊張焦慮飯碗不保、欺騙顧客大賺手續費卻良心不安的華爾街分析師，更值得羨慕。

我們的事業計畫隨時可以調整，永遠可以在既有基礎上轉轉和生長，種番茄不見得要一輩子，番茄園可以發展觀光、教學、加入餐飲，甚至可能兼營運輸與銷售。但無論如何，我們需要一個起點，以此為基礎一磚一瓦建造我們的事業。這個起點，一開始就要顧及成就、樂趣、貢獻等方方面面。

為自己的事業發展出一個「全局解方」，是我們年輕時代最重要的課題。當完成相當的嘗試、有足夠的理解、有實作基礎、甚至有市場的正向回饋，能篤定說：「我的事業要做○○○」，這時，你的人生開始走上正軌。

這個時間點愈早愈好，可惜，多數人都來得太晚，甚至終其一生不曾發生。

如果希望這件事發生，而且愈早愈好，我們該做些什麼？該怎麼學習、定義自己的成長路徑？在我們分析了許多例子後，我們來做個總結吧。

學習重點：心猿意馬、不務正業

在過去，我們企圖把產業拆解，定義成標準化的類別，例如化工、護理、電子……然後研究這些類別所需要的能力。學校依各類別需要的能力，將年輕人培訓成各類專才，送往產業填進一個個的蘿蔔坑中。

有很長一段時間，教育體系加工人才，像是工廠製做齒輪管線配件一般，雖然沒有人情味，但是有效，而且可能是當時唯一的方案。

現在，那套老式的教育方式弊端叢生，對個人和社會的助益愈來愈少，對社會的拖累和負擔愈來愈大。與其寄望學校打造，現今更務實的方案是，每個年輕人睜開自己的眼睛，定義自己的人生與事業。

在過去，學習成長的主調是課本、大考範圍、科系必修課，探索自我、理解世界、思索自己的事業方案是點綴，甚至那叫「心猿意馬」、「不務正業」。今天，學習和成長的重點，應該大調動。

就算不必完全放棄制式教育，它也將位居配菜，主餐則是自己的事業發展。看過怎麼建大樓嗎？先架好鋼骨，再把磚牆地板架上去，我們的事業發展方案是那個鋼骨，學校提供的知識與技能，是磚牆與地板、流理台和水龍頭。

這樣說好像有點抽象？其實許多具體方式，我都埋在前面幾個章節中了：

1 參與群體活動，演練讓陌生人變朋友

在一般學校體系，年輕人被大量訓練灌輸膽怯與服從，常常怯於踏出班級、公司單位的小小人際圈，當然難以結交新朋友，學習溝通協調，進而交流合作。年輕人從中學時代就該刻意花時間、刻意要求自己參加群體活動，無論是交流性質的聚會、宿舍自治團體、校外社團組織。在參與過程中，要勉強自己練習和陌生人互動、上台講述經驗與見解，並快速從陌

生群體中找到能分享交流的朋友。

2向世界學習，無限了解實況和需求

學校有萬般好處，但它有一個壞處，它的知識都是提煉過抽像化的原則，常常沒有具體的人、事、歷史、關連。把自己閉鎖在學校環境中，我們無法得知世界具體的需求和實況。我們得廣泛閱讀、認識不同群體及背景的人、觀察各種人的生活、和前輩談話與發問，了解世界運作的方式，從中了解缺陷、問題，可以改進的地方，以及感受你自己和它是否有共鳴及連結。

3思考研究，寫出來分享交流進步快

美校不教、不考論證，自己寫論證。每個思考深刻的人，都該是某程度的寫作者，只有寫作能讓你整理、剖析、深入洞悉事物的來龍去脈，形成自己的見解主張。當你分享寫作，別人的批評補充會讓你成長，也會吸引有相同興趣的高手和你做朋友。所以，無論學校要不要你寫，給不給你成績學分，請自己認真寫。開個網誌，一開始不追求點閱率，只求思考，等你寫作純熟了，這個網誌就是你的專業名片，甚至是個人品牌。

4深入參與社團，觀察嘗試組織運作

參加社團不只為了有幹部名銜，更重要的是，經歷一群人共同把事情做好的過程。所以，參加一個目標宗旨、參與者素質你能認同的社團，觀察同伴們做的事，做得好的，學習他們怎麼做；做不夠好的，思考它在各個方方面面如何做得更好、更有效，創造更大的價值。試著承擔一些責任，無論什麼都試著做點，學習如何把事做好，了解自己擅長、喜愛做哪些事，然後你就知道怎麼補強自己不擅長的事，並強化發展自己本來就有天分又喜愛的事。

5聚焦精深學習，鋪墊深厚知識地基

當你發現自己有興趣、想要長期發展的事物，什麼都行，就要開始做苦功。列出它所有相關的知識領域，從學術基礎知識，到實際的發展歷程、重要人物和相關企業、現在的商業實況，這些你都要開始蒐集資料。列出在這個領域你會需要的技能，一項一項學習它。該修課就修課，要旁聽就旁聽，閱讀書籍期刊、看線上教材，用所有管道把你缺的知識庫與技能庫補齊。

6參與正式組織，承擔工作發揮價值

及早找機會參與你有興趣的正式組織，以工讀生、實習生、接案的身分都可以。正式組織包括公司企業、政府機構、非營利組織（醫院、社福團體），觀察他們怎麼做事，感受自己是否真的喜歡長期待在這個環境中、與這些人共事，思考他們工作該如何改善，並試著協助，無論是打電話、做記錄、準備資料，主動學習把事情做好的技巧。

7從頭到尾做出專案，打磨細節

參與社團與組織一段時間後，針對他們某方面需求和不完善的地方，擬一個計畫方案，先尋求建議，時機成熟再尋求支持，將它落實。如果有機會主導一件事，試著注意其中的每一個細小環節，全力將它做到盡善盡美；不夠好的部分，日後再學習加強。無論你掛什麼頭銜，有多大成功，更重要的是，了解推動改變的困難，找尋化解困難的方法，從中了解你有多少能力，哪裡強、哪裡不足。

8 撰寫履歷及事業開展計畫

在你人生的某一天（最好不是開始找工作時），請開始寫你的事業開展計畫與履歷。事業開展計畫可以是創業，可以是去哪些機構、企業任職，寫完後請思考：發展這樣的事業，或爭取這樣的工作，需要什麼樣的能力、經驗、技能、資格、形象？然後，試著寫履歷，寫完後，試著用第三者的眼光思考：自己現在的狀態合格嗎？別人會支持我，信任我、錄用我嗎？如果不行，我還缺什麼？

9 為事業進修課程與善用資源

當事業計畫日益清晰，進修學位、修課學習也將更為精準有效益。可以選擇和未來方向相關的課程，補充的知識與能力。如果基於僵化的「必修課」制度，需要進修與計畫看似無關的科目，也可以試著探索兩個領域間的互相應用。例如，即使我的事業規畫是做糕餅，在必修的歷史課裡，我也可以研究古代人的糕餅食譜，或是把歷史中的典故、造型、樣式……運用在現今的糕餅創作上。

學習和成長之路，不該被大考綁死，不該被課本、科系限定，甚至在畢業後，都不該被某個企業的職缺所綁定，要以能發展自己事業的角度來規畫。

44：培育人才提案：透明而柔軟的大學

大學為學生存在，幫助學生過更好的人生，讓年輕人成為更優秀的社會成員。在這個前提下，按照課本、必修課表、填塞知識內容，做完這一切，獲得什麼好處？你知我知，不見得明顯。

大學體系和學生自己，投注了大量的時間在那些重要性不高的事，忽略了真正重要的事：我們都需要發展自己的事業，追尋人生的答案，這件事需要長期的思考、預備、累積。

期待大學體系能正視這件事：大學的所有運作機制，應該是協助和配合學生找尋、發展、構築事業。學校與教育體系若有任何的制度和運作，限縮、排擠、阻礙學生發展事業，都應該調整。古代，皇帝出巡時人民如何讓道，同樣，學校和教育體系在學生的事業發展面前，也應該謙卑迴避，為它鋪路與掃街。

但即使這麼說，在學生「建構事業與全

局解方」這件事上，大學還是可以發揮非常重要、積極、正面的功能。只是，大學需要調整，無論它的功能、運作、規則：

1大學變成學生觀察世界的聚光透鏡

在過去，大學的授課運作，都是在學生進某個科系之後，負責填塞學生該領域的知識。在這個領域之外，廣大的世界快速而複雜的變遷，大學只是比較少阻礙學生探索理解，但並沒有積極幫助學生廣泛認識世界、理解商業環境，找到自身的事業發展方案。

在未來，大學的主要職責，應該日益偏向後者。

學校該成為一個平台和觸媒，幫助學生與學校外廣大世界做有意義、深入、有系統地連結，然後引導學生學習與思考，探索各種發展事業的可能性。例如，學校該讓更多在事業發展上有心得、有卓越表現的人，多和學生經驗分享、交流協作。

2產業研究成為各學院科系的常設課程

許多學生在畢業時，除了某相關產業最大兩、三家企業、起薪與福利的（傳聞）排序外，往往對產業發展史、發展前景，產業內外格局結構毫無了解。這樣的情況下，學生找工作時，往往只看得到薪資數額，無法用更前瞻的角度，思索自己的機會、優勢，以及策略。

個人發展事業，要在企業中找到發揮價值的切入點，企業要茁壯，就要在產業中找到對的人才。年輕人對產業有愈深、明確清晰的認知，愈能思考判斷自己在其中發揮長才的方式。各科系、學院，都應該選擇一個適合的產業領域，深入研究它的現況、實況、未來發展，讓該院、系學生，以及外系學生選修。

3 站在個人角度設計務實的企業課程

許多大學都有商管領域的學院科系，但授課內容通常局限於美國企業個案，而且用企業高層視角說明，和一個普通年輕人爭取機會、工作任職的視角非常脫節。

我們年輕人需要另一種企業課程，要能幫助思考職業路徑的異同，以及進入產業中面對的種種課題。例如：創業／就業、公職／企業；大企業／小公司不同類型企業中工作的差異；企業中不同功能職務的內涵；與主管、同事、客戶溝通互動、應對進退的技巧；如何把事務做好做滿做優秀；如何把握自我權益與長期發展。

4 「專案修業制」成為「必修學分制」另一選項

現在，大學的畢業門檻是「修完一套必修學分」，無論學生一開始需不需要這些知識、此後是否用得上。

未來也許可以有另一種修課模式，學生是帶著一個專案進入大學（或是在大學中發展一個專案），而他的修課與學習，可以是圍繞這個專案，支持這個專案。例如，一個學生以「法政電影劇本」為專案，他可以自行選擇修習法律、文學、心理、歷史、邏輯論證、電影配樂……的課程，再透過這些課程接觸從業者，向他們學習經驗。

至於畢業門檻，可以用專案成果、品質、修課指導者的肯定背書來做為判準。

5 配合事業發展修改學校運作制度

打造一個小提琴盒，我們須依琴的尺寸、曲線、形狀來製作琴盒，而不是任意做好琴盒之後，裁切小提琴以符合琴盒的形狀。年輕人的事業發展應該是小提琴，而教育則是琴盒。

未來的年輕人，有可能一邊建立事業一邊求學，在發展事業的過程中確認自己需要學什麼，並且透過學習直接助益自己的事業發展。這種狀況下，學校須改變教學的方式與制度，讓更多學生有彈性可以兼顧事業與學習，例如，以事業計畫（而非考試成績）為讀大學的資格門檻、每周三天發展事業三天求學、遠距教學成為普遍的修課方式、多次休學和復學、將求學期程大幅拉長。這些都該成為常態，甚至被鼓勵。

今天，大學教授仍是一個被尊重的職業，大學還是個被重視的教育機構。但我們看得出來，至少台灣開始有人質疑、批判，甚至抱持否定態度。許多人開始覺得備受尊重的大學教授也沒有對社會帶來幫助，耗用大量社會資源的大學，並沒有幫助年輕人成長與發展人生。

每一種職業與機構，它如果不順應時代變動和進步，都會被看輕、取代，最後廢棄。在古代，巫師是社會中最受尊重的職業，後來被廢棄了。士大夫曾是受重仰慕的階層，後來被埋入歷史。中古歐洲最被敬重的教士、神父，現在早已不是社會的中心。在五十年前，軍人是「哥哥爸爸真偉大」的保家衛國戰士，四十年前，公務員是引領台灣進步向前的英雄，現在，軍人和公務員在社會中的評價，我們大家心知肚明。

沒有一個階級、職業、組織，能在長期享有資源、尊敬、地位的同時，卻長期讓社會失望，感覺不到貢獻，看不到它對人群的助益。

現在，大學、教授、學術研究者，其實正處在價值危機中，開始做大規模的轉變革新，該是時候了。

後記

選擇，騰飛或是下墜

我們的上一代，優良的事業發展方式就是進入一個大組織，軍警公教、大型企業，每個人安守本分，依循位階服從上級，以時間換取薪資和退休金，許多人也這樣過了一生，承受它的代價、也享受它的成果。在那個時代，事業發展是被動保守，不去「想太多」的態度並沒有什麼不好。我們的教育、人才培養制度，在那個時候運作得也還不錯。

但到了我們這一代，這既不是唯一的、甚至優良方式。

現在，許多舊模式、舊產業、舊組織企業正逐漸轉型與消失，待在舊陸塊上，我們會看到腳下的土地寸寸萎縮。新模式、新產業、新組織方式卻一直在形成，那些到新陸塊上探險的人，有機會運用他們的才智、創造力，開展新的邊疆，可能也同時贏得自主、自由、有價值感的人生。但是在培養開創式人才這件事情上，我們的教育、人才培養制度還沒跟上。

我們正在重新理解，該怎麼建立事業，發展這整個人生，讓自己過得沒有遺憾，如何有一個兼顧收入、成就感、貢獻與價值的「全局解方」。同時，我們也需重頭思考，我們要怎麼學習、培養能力，讓自己變成一個人才。

我們好像是不幸的，因為確定的路被打破了。但我們也是很幸運的，因為更好的人生是可能的。

我就是這些「我們」之一。

從國小、國中、高中、大學、研究所，我比誰都努力，卻愈長大愈茫然，愈不知道努力是否有用，在茫然感的壓力下，我的辦法是埋頭認真、更加努力。直到開始發展自己的事業後，才發現自己完全迷路。我發現自己過去的準備完全錯誤，花大量時間累積的知識，都沒有用。我發現我不知道如何達到人生目標，需要的資源和技能，自己都沒有。

那時我面對一個選擇。我還能找個工作，一個我不知為何而做的工作，每天付出十幾個小時的人生換取薪水，在一個養許多米蟲的機構中，屈從我看不起的主管、放棄我珍視的自由、做我無法引以為傲的事。我可以過這樣的人生，我可以看著自己一步一步墮落，一天一天腐爛。我要嗎？

或是我從懸崖縱身一跳，試著飛飛看？

這就是我過去三年多做的事。我探討社會問題，提供我的智慧和解決方案，用我覺得喜愛的方式工作與生活，做我能引以為傲的事情。如果沒有人聘僱我，我就聘僱自己；如果需要重新學習，我就教育自己；如果需要資源，我就投資自己。

從我自己的經驗，從我聽到的無數故事中，從這個大環境的無力、沮喪、失望、悲觀，我知道我們正處在困境中，我們想不到怎麼讓自己變成這個世界需要的人，也不知道如何透過教育提供答案。

這個世代，不可避免將會嘗試、開拓，與冒險。關於人生可以怎麼活、關於事業該怎樣建立，其實我們都站在知識與經驗的邊疆。過去三年，我站在這個邊疆向外眺望。

這就是《學與業壯遊》這個粉絲頁，這個專欄，這本書，這個事業計畫的由來。過去三年多，我試著為讀者找答案、為我自己找答案，並且親身嘗試與實踐。慶幸的是，直到今日，答案愈來愈清楚，而且我能透過這個方式打造事業，將我發現的答案貢獻給讀者、社會。

這本書到此結束了，但我和各位讀者的對話並未結束。

我會繼續討論這個大問題：「我們該如何生活、工作、學習？」並且持續透過臉書、專欄、座談、甚至節目，和所有年輕人、教育者，一起思考，一起對話，一起嘗試與耕耘。

待會兒，我們網路上見！

人才，自造者

作者	謝宇程
商周集團榮譽發行人	金惟純
商周集團執行長	王文靜
視覺顧問	陳栩椿
商業周刊出版部	
總編輯	余幸娟
責任編輯	潘玫均
內頁設計、排版	廖婉甄
封面設計	果實設計公司
出版發行	城邦文化事業股份有限公司 - 商業周刊
地址	104 台北市中山區民生東路二段 141 號 4 樓
傳真服務	（02）2503-6989
劃撥帳號	50003033
戶名	英屬蓋曼群島商家庭傳媒股份有限公司城邦分公司
網站	www.businessweekly.com.tw
香港發行所	城邦（香港）出版集團有限公司 香港灣仔駱克道 193 號東超商業中心 1 樓 電話：(852)2508-6231 傳真：(852)2578-9337 E-mail：hkcite@biznetvigator.com
製版印刷	中原造像股份有限公司
總經銷	高見文化行銷股份有限公司電話：0800-055365
初版 1 刷	2016 年（民 105 年）7 月
定價	320 元
ISBN	978-986-93128-8-2

國家圖書館出版品預行編目(CIP)資料

人才，自造者 / 謝宇程著. -- 初版. -- 臺北市：城邦商業周刊，
民 105.07　面；　公分. --（藍學堂；50）
ISBN 978-986-93128-8-2(平裝)

1. 教育 2. 文集

520.7　　　　　　105011098

藍學堂

學習・奇趣・輕鬆讀